福州水戸事件の真相

満洲事変と上海事変の
はざまに起きた不可解な事件とは

鈴木伸元

廣済堂出版

はじめに

昭和七（一九三二）年正月に起きた「福州水戸事件」。この事件について知っている人は、今の日本にどれだけいるだろうか。

当時、中国福建省の福州にあった日本人学校の教師夫妻が二人とも惨殺され、生まれたばかりの長女が殺害現場で一人泣いているのが見つかった。台湾の男が逮捕されるが、その後、日本人の陸軍大尉が事件の背後で糸を引いていたとみられることが明らかになった。軍の大陸進出を企図する中、何の関わりもない日本人の教師夫妻の命が奪われたのである。

福州水戸事件は、昭和六年に起きた「満洲事変」、そして、翌年の「上海事変」の狭間で起きた事件だった。この時期は、その後、日本が長い戦争の時代へと突入していく、重大な分かれ道だった。

ところが、この福州水戸事件、日本の近現代史の中で埋もれたままである。

日本史の教科書を開いても記載はない。国立国会図書館オンラインでキーワード検索しても、わずか二件ヒットするだけ。Wikipedia に福州水戸事件という項目は見当たらない。

歴史上、ほとんど忘れ去られた出来事であると言ってよいだろう（当時の外交文書では「福州邦人惨殺事件」「福州水戸事件」などと分類されており、現在アジア歴史資料センターのキーワード検索では「福州事件」「水戸事件」で資料がヒットする）。

筆者が、この事件を知ったのは、偶然によるものだった。

ある番組取材のために、甲南大学の文学部長などを勤め「九鬼周造全集」（岩波書店）の編集にも携わった佐藤明雄名誉教授のもとに、何度も通っていた時のことだった。たまたま、筆者の母親が生まれたのは、中国・厦門《あもい》であったという話になった。祖父が仕事で中国に赴任することになり、一家で厦門に暮らしていたのだ。その話をした時の佐藤先生の驚きようは今でも忘れられない。

「そうなんですか！　僕の一家も昭和七年頃、厦門のお隣、福州にいたんですよ」

そして佐藤先生は当時の福州での日々が、いかに楽しく、人生の中で大切な記憶の一つとなっていることを、たくさんの思い出話と共に聞かせてくれた。

その中に福州に暮らす日本人を不安に陥れた、「福州水戸事件」があったのだ。福州の日本人コミュニティを震撼させ、佐藤先生は幼心に戦火が身近に迫っていることを感じたという。そして、こう言われた。

「この福州水戸事件は、日本の歴史上、ほとんど知られていません。しかし、日本の国益のためにという理由で、日本人が日本人を殺させたのです。そんなことがあって良いのでしょうか。しっかりと、歴史に刻む必要があります」

そして、筆者に様々な資料を渡してくれた。当時の福州について、そこで暮らしていた人でなければ知り得ないお話をいくつもうかがうことができた。


日本人を犠牲にしてでも大陸進出をしようという謀略。

事件後、せめぎ合う軍と官僚、東京と出先機関。

そして、闇へと葬られていく真実と責任。

隠蔽は新たな陰謀へとつながっていく――。


そして浮かび上がってくるのは、犯行グループの中心人物である台湾出身の一人の男の数奇な人生だ。

その男、李《り》爐《ろう》己《き》という名前は、一部の歴史研究にしか残されていない。日本統治下の台湾で生まれ育ち、日本語が達者で「ひと山当てたい」と日本軍に協力し、いわばズブズブの関係に陥っていく。日本軍に利用されているのか、日本軍を利用しているのか。福州水戸事件の真相を究明しようとした福州在住の日本人の総領事は、事件前から李をよく知る関係だった。総領事は、事実を明らかにしようと奮闘するが、李爐己は、その手を逃れていく。そして、その後も、日本軍に連携する形で、様々な暗躍を重ねていった。

李の人生を辿っていくと何が見えてくるのか。

二十一世紀の今、福州水戸事件にもう一度、光をあてること。

それは戦争という抗いがたい時代の流れの中にも、一人ひとりの人生があり、一人ひとりの欲望や葛藤、希望や絶望があるということ。そしてそれが戦争という荒波の中で周囲の人々を飲み込み翻弄していく。その事実を改めて見つめ直すことなのではないだろうか。

戦争は今も世界各地で続いている。

福州水戸事件の真相＊目次

第一章　事件勃発――巻き起こる日本軍進出論

第二章　事件の真相——陸軍大尉の自作自演

第三章　犯行のすべて――李はなぜ殺害事件を計画したのか

第四章　真相を知る人たち

第五章　隠蔽と暗躍

※本文中の引用については、原文の旧仮名遣いを現代仮名に変えて一部わかりやすくしています。また、引用文の中に差別的な語彙、表記が含まれている場合がありますが、当時の時代背景を考慮し原文のままとしました。

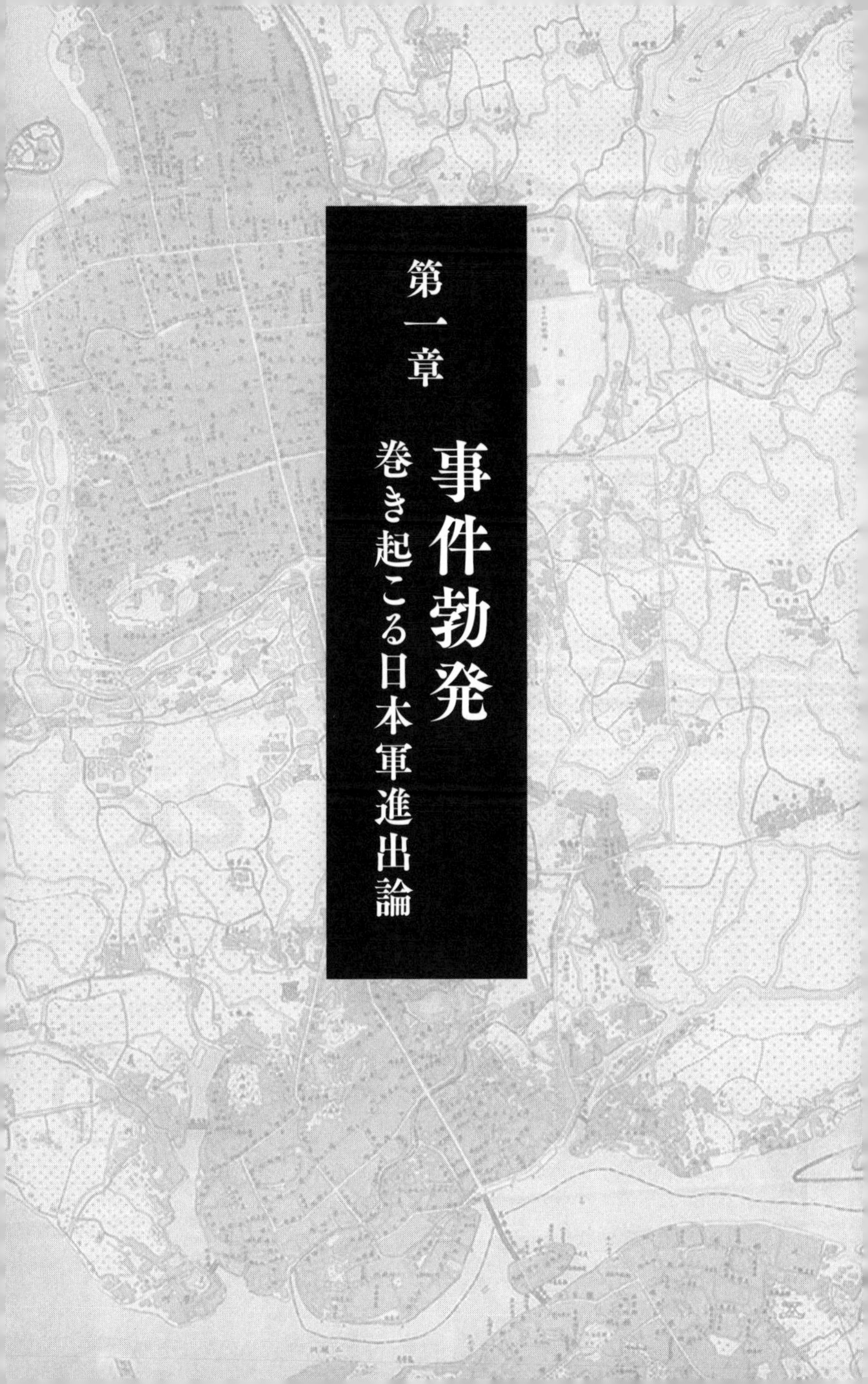

第一章　事件勃発

巻き起こる日本軍進出論

昭和七年の正月、事件は起きた

「小学校で、水戸先生がピストルで撃たれた」

昭和七（一九三二）年一月三日の午後八時頃、中国福建省福州にある日本総領事館内の警察に電話がかかってきた。発信者は、現地に住む日本人たちで作る居留民会の書記・高《たか》橋《はし》仙吉《せんきち》だった。

福州にある日本人小学校に勤める教師・水戸《みと》参雄《みつお》（二八）が殺害されたという知らせだった。水戸は、台湾総督府から派遣された訓導（教師）で、学校内に住まいを構え家族で暮らしていた。

総領事館の対応は早かった。

まず、海軍の連絡将校・杉野《すぎの》健次《けんじ》少佐に通報。日本人を狙った事件が他にも起きる可能性があるかもしれないと、警戒を依頼した。そして宿直中の桑田巡査が事件現場に向かうことになった。さらには、警察署長の中山栄警部に連絡をとるため、宿舎に電話し、現場調査や被害者への対応が必要であることを確認している。

しかし、事態は深刻であることが明らかになっていく。

再び総領事館に危急を告げる電話がかかってきた。

「被害者は、水戸先生だけではない。奥さんもピストルで撃たれている」

水戸参雄の妻・光子《みつこ》（二七）も事件に巻き込まれたという知らせが入ったのだ。

外交文書によれば、この時点で光子は死亡し、参雄は瀕死の重体であることが確認されている。

小学校に向かった中山警部と桑田巡査が目にしたのは、凄惨な現場だった。

参雄が見つかったのは、小学校の隣にある日本人居留民会の建物だった。頭部を撃たれ、大量の血を流し倒れ込んでいた。

当時、日本人学校の校舎は二階建てで、その隣に居留民会の施設が建っていた。運動場を挟んで校舎の斜向かいに、教員の宿舎があった。瀕死の水戸参雄は、傷を負ったまま助けを求め、運動場を横切り居留民会に逃げ込んだのである。

光子は夫婦で暮らしていた宿舎内で即死していた。刃物で右手や右腹部、肩など四か所を刺されただけでなく、左の肩をピストルで撃たれ、大量出血していた。

中山警部たちが駆けつけた時、まだわずかに息をしていた参雄は、重要な一言を発する。

「進吉にやられた。支那人二人、袖裏……」

水戸は口から大量に出血し、発したのはこの数語だけだった。

午後九時半。中山警部と桑田巡査は、ただちに現地の博愛会医院へ車で搬送したが、その途中、車内で水戸は短い人生を終えた。

凄惨な犯行

捜査によって、残虐な犯行の詳細が明らかになった。

水戸夫妻が寝泊まりしていた宿舎は小学校の一階にあり、職員室の隣の一室だった。

犯人が訪れたのは、午後八時前後と推察された。

扉を開けたのは光子だった。参雄は病気だったため、部屋の奥で床についていたのだ。

犯人は刃物で光子に切りつけ、ピストルを発砲。光子が倒れた後、そのまま部屋に押し入って、横になっていた参雄にもピストルを向け、発射したのだった。

水戸夫妻には生後三か月になる長女・睦子《むっこ》がいた。

睦子は発見された時、光子の遺体のかたわらで泣き叫んでいた。まだ寝返りもできず、一人ではほとんど身動きできない状態である。

水戸夫妻の遺体の検死は、博愛会医院の外科部長・小林喜久男が中山警部立ち会いのもとで行った。

博愛会医院は、当時日本領であった台湾の総督府が、福州に暮らす日本人や中国人向けの医院として大正八（一九一六）年に設立したもので、現地在住の日本人社会の医療を支える重要な存在であった。事件当時、病院には、院長の小林義雄、医師の小林喜久男、黄松官らが勤務していた。

総領事館による文書『水戸事件顚末書』（以降『顚末書』）によれば、水戸参雄の死因は次の通りである。

「水戸参雄　頤部において真ん中より三分（筆者注：〇・九センチ）ばかり右の場所に、射入口がある盲管銃創あり。射入口の大きさは直径約三分強なり。下顎骨は皮下において複雑に骨折している。銃創は射入口より水平右後方に向い、深さは約三寸五分（筆者注：一〇・六センチ）あり、死因は右頸動脈の損傷による出血と、その出血のため機械的に気道の塞栓がおき、窒息せるものなるべし」

妻が襲われたことに気づき、飛び起きた直後に撃たれたのだろうか。右の下あごを撃たれ、頸動脈を損傷し出血、その出血によって気道が詰まり窒息して命を落としていた。

光子への凶行はさらに酷いものだった。

「左肩胛関節部の外側において、前内方に向けて深さ二寸五分（筆者注：七・六センチ）の盲管銃創あり、右上腹部の創口からの出血と考えられる血量がもっとも多く、内臓の損傷を伴っている。腹腔内の出血量もおびただしい。致命傷は有刃の器および短銃によってなされた右上腹部の刺切傷である」

見えた手がかり

事件発生の翌朝、犯人の追跡が始まった。

中山警部など警察の他にも、小学校に隣接する居留民会の人たちが、現場周辺を徹底的に捜索した。

犯行現場となった水戸夫妻の宿舎の欄干や壁には血痕が付着しており、捜査陣は、犯人は犯行の際に、何らかの傷を負ったのではないか、と考えた。

現場に残った血痕の一つは、殺害現場から小学校の西門に向かっていた。そしてもう一つは現場から運動場に向かっていた。これら二つの血痕は、小学校の裏門で合流していたことから、犯人は、少なくとも二人いたと推察された。

裏門から数メートルのところでは、血を拭った白いハンカチが見つかった。

さらに、糸でくくられた広告のビラ紙も見つかった。犯行に使われた刃物の鞘として作られたとみられ、刃物の形状を知る手がかりになるだけでなく、広告元を辿れば、犯人につながる可能性もあった。

水戸参雄の絶句「進吉にやられた」という発言にある「進吉」は、福州在住の日本人によく知られている人物だった。

台湾出身の本名・洪進玉《こうしんぎょく》で、日本人たちの間で、「進吉」と呼ばれていた。水戸夫妻も「進吉」の顔も名前も知っており、「進吉」と口にし、自分を襲った犯人を中山警部たちに伝えていたのだった。

福州総領事館の田村貞治郎《ていじろう》総領事は、東京の外務省に暗号電報を発信した。あて名は、外務大臣・犬養毅《いぬかいつよし》とある。

「三日午後八時半頃（筆者注：『顛末書』では八時前後）、支那人壮漢二名日本小学校々社

内宿舎ニ押入リ、台湾総督府派遣訓導水戸三（筆者注：ママ）雄（二八）同人妻ミツ子（二七）ヲ惨殺セリ。（中略）徹宵警備措置中」（第二号至急）

田村総領事は、事件を東京へ知らせると同時に、中国政府への働きかけを行っていた。捜査への協力と現地邦人の安全確保が目的だった。

まず、福建省政府外事主任・魏《ぎ》子淵《しえん》に電話し、「すぐに省政府委員に来てほしい」と伝えた。さらに、福建省政府委員の林知淵《りんちえん》に電話し、事件の発生を知らせると共に、市内の治安について「戒厳」を求め、ただちに話したいと伝えた。

林知淵がやってきたのは、三日の午後十一時、通訳の黄如璧らが一緒だった。後に詳述するが、当時福州では日本人と現地人との間でトラブルが続発していたため、田村総領事は林に対して「この事件は極めて重大である」と伝え、折から現場で行われていた検視にも立ち会わせていた。

林知淵は、事の重大性を受け止め、省政府委員の非常会議を招集することを手配した上で、午前三時に引き上げていった。

この林知淵は日本語がそれなりに堪能だったようである。東瀛《とうえい》学校の教員だった中島利《なかじまとし》重《しげ》が、林に週二回日本語を教えていたためだ。

林は当時まだ珍しかった自動車に乗って東瀛学校にやってきて、三階にある宿直室で中島と机を囲んでいたという。戦後、中島は「この事件に関し、かくも速やかに解決をみた一つに、省委員・林知淵に対する私の日本語教育が幾分でも役だったとみるならば、私の幸いこれに過ぎるものがない」と記している（『米寿の語り』）。

翌朝の捜査状況も、ただちに省政府・林たちに伝えられ、田村総領事は福建省政府に対し、「大体四十八時間以内に、少なくとも犯人捜査の有力な端緒を得るよう努力してほしい」と申し入れた。

ピクニック直後に起きた事件

事件が発生した一月三日は、日本人小学校のピクニックの日だった。

集合場所は、校長の宿舎。日本人コミュニティの多数が参加していたようである。

午前十時に石井校長を筆頭に、生後三か月の睦子を連れた水戸夫妻ら教職員やその家族は、小学校の児童や幼稚園児などを引率して、福州の近郊にある小さな丘で楽しい一時を過ごしていた。丘の上では、「軍艦ゆうぎ」をしたという記述もみられる（『水戸参雄光子追憶集』）。

福州は北緯二十六度に位置し、一月の平均最高気温は十五度ほど。東京に比べて五度ほど高く、日本で言えば、いわば秋の遠足だろうか。

五年生のある少年は、登りの道中で水戸参雄が面白い話をしてくれ、お弁当屋やお汁粉、みかんなどを食べたり、遊んだりして過ごしたと記している（『水戸参雄光子追憶集』）。

「福州水戸事件について」（中村孝志論文）には、ピクニック当日の集合写真が掲載されている。訪れた丘の途上であろう、写真の背景には左から右に向かって緩やかに下る山の斜面が写されている。そして、画面中央のやや左、集合写真の一番奥の列に控えめに立つ参雄の姿がある。三ピースの背広にソフト帽をかぶっている。そして、画面左端近くにいる光子夫人は、愛娘・睦子を抱いている。

写真に写っているのは約八十人。大半は子どもたちだが、誰がこの直後に水戸夫妻が襲われると想像していただろうか。

お昼を食べて下山。学校に戻ったのは、午後三時半頃だった。

教職員は、子どもたちをそれぞれの家庭に送り届けた後、小学校の隣にある日本人居留民会の建物で、午後二時から開かれていた居留民大会に合流したとみられる。

事件が起きた夜、子どもたちは家族と過ごしていた。

当時四年生のある少年は、夕食の最中に表が大勢の人で騒がしくなり、訪ねてきた知り合いから、水戸が撃たれたことを知らされたという。その知らせの後、父親は日本刀を手に出かけていった。残された少年は、箸を手にしたまま、不安でうろうろしてしまったと記している。水戸夫妻の死亡を知ったのは、夜九時半頃。警察署長から電話がかかってきて、すでに家に帰ってきていた父親が、大声で夫妻の死について叫んだのだった。少年は、身近な先生の突然の死に涙が溢れ出て止まらず、胸がドキドキして、胸に手を当て夜の鐘の音を聞いていた、とその日の夜の様子を詳細に記している（『水戸参雄光子追憶集』）。

大混乱に陥った福州の日本人社会

事件が起きた一月三日夜、日本人が暮らす地区では不穏な放火が相次いでいた。
一つは、午後七時半頃に発生した、日本総領事館内の警察官宿舎での火事だった。
宿舎には、田口巡査部長以下、四家族が居住していた。
火事は、宿舎の階段下にある木に置いてあった新聞紙とビール瓶に入った石油が燃え上がったものだったが、大事になる前に消火されていた（第一四号・昭和七年一月八日）。
もう一つは、福州市内蒼《そう》霞《か》洲の台湾公会（東瀛学校）での火災であった。こちらも大事に至る前に火は消し止められていた。

東瀛学校の教員だった中島利重は、自宅での夕食中、すぐ隣の総領事館・警察官宿舎で「火事だ」という声が聞こえたという。

「驚いて家内とともに駆けつけ、みんなして消火に当たった結果、そこは大事にはならず消し止めたが、間もなく『東瀛学校が火事だ』という。『それは大変だ』と、かねて用意の学校の提燈を点けて井口・陳の両先生とともに出かけようしていると、再び大畑さん（筆者注：台湾公会書記の大畑重雄）から『学校の地下室に放火されたが、やっと消し止めたから』と電話があり、ほっと安心した」（『米寿の語り』）と記している。さらに、もしこの時、火を消し止められなかったら、「この事変によって邦人十名位は犠牲になっても仕方がないと言われていた」「私どもも命がなかったろうと思われるほど時局は重大であった」（『米寿の語り』）

中島が事件発生を知ったのは、念のためと東瀛学校に火事の様子を確かめに行った時だった。同僚の教師・石井から「水戸夫妻が殺害された」と知らされたのだ。

当時の二年生の一人は、火事が相次ぐ中で発生した水戸夫妻殺害事件の発覚当初を生々しく記している。

ピクニックを終えて、家族で夕食を囲んでいる時だった。まず隣の家が火事に見舞われ、消火したと思ったら、今度は「東栄学校」で火事が発生する。中島が記している東瀛学校の火事のことである。

父親や井口先生が火消しに向かったという。次から次へと起きる火事に子どもならずとも不安があったはずだ。

そこへ届いたのが、水戸夫妻殺害の知らせだった。

母親から、水戸先生の家に暴漢が押し入り、水戸夫妻を銃で撃ち、二人とも亡くなったと聞かされたのだ。少年は、あまりの出来事に、深夜になっても寝られなかった。夜が明けて、朝食の時間になっても、手をつけられず、茶碗半分のご飯しか食べられなかった。父親も母親も、涙を流して水戸夫妻の死を悲しんでおり、自分も涙が止まらなかったという（『水戸参雄光子追憶集』）。

この東瀛学校の火災については、台湾出身の李銈源《りそうげん》の犯行であったことが、戦後の中村孝志の調査によって明らかになっている。李銈源は、後に触れる福州水戸事件の主犯である李爐己の息子である。

　李鉎源は当時十四歳。学校の地下室に通ずる階段にガソリンをまいて放火していた。中国人の守衛に目撃されて咎められたのだが、金を与えると約束をして、その場は逃れたと、本人が中村に対して語っている。

　不穏な空気が漂う中、水戸参雄の教え子たちは、恩師の死に直面していった。

日本の新聞も大きく報じた悲劇

　事件発生の翌一月四日。水戸夫妻は埋葬される。

外交文書によると、福州総領事は、午後二時の打電「福州情報」で、「既報ノ射撃セラレル教員（水戸某）ハ絶命セリ」と東京に伝えている。四日午後四時、沿道に武装した日本軍兵士が立ち警戒が高まる中で、居留民の多くが日本人墓地に集まり、水戸夫妻を見送った。

　この水戸夫妻殺害の知らせは、日本や福州だけでなく、満洲を始め中国大陸各地にいる日本人たちに伝わり、衝撃を与えた。

最初に伝えたのは、当時最速のメディアだったラジオだ。新聞社が伝える海外ニュースは、貴重な情報源の一つだった。

当時、兵士として満洲にいた加藤辰衛が、その様子を伝えている（『水戸参雄光子追憶集』）。

満洲は、前年の昭和六年九月十八日に、奉天《ほうてん》郊外の柳条湖《りゅうじょうこ》付近を走る南満洲鉄道の線路で爆発事件が発生。これをきっかけに、関東軍が奉天や長春《ちょうしゅん》などを占領、その後は本土や朝鮮半島から次々と増派がなされ、十二月二十八日には錦州を攻撃。福州水戸事件が起きた翌七年一月三日には、錦州を占領していた。

一月四日の夜。戦闘が続く中、兵士たちはラジオが伝えるニュースに耳をすまして聞き入っていた。兵士の一人だった加藤は、水戸夫妻を知っていたとみられ、事件を知り驚愕したという。

日本本土には、一月五日に新聞各紙が一斉に事件のことを報じた。前年末に錦州占領が伝えられ、中国大陸での関東軍の動向に国民の注目が集まっている最中のニュースだった。「東京朝日新聞」は二面で「日本人教師夫妻、福州で射殺される」、「大阪朝日新聞」は二面で「我が教員夫妻殺される」と伝えるなど、在外邦人が巻き込まれた事件は注目を集め、大きく取り上げられた。

光子の恩師であったとみられる清水儀六は、直前に水戸夫妻から年賀状を受け取ったばかりだった。差出人が馴染みのない名前だったため、台北第一高等女学校の卒業生だろうかと思って同窓会名簿を調べたところ、前川光子という旧姓の名前を確認。結婚して、前川から水戸に変わったのだと想像し、喜んで返信を出したところだったという。

そして一月五日、新聞を開いたところ、光子が事件に巻き込まれ、殺害されたことを知り、驚いたという（『水戸参雄光子追憶集』）。

中国側との交渉が始まる

田村総領事は、在留邦人の警備は省政府の責務で、重く受け止めるべきだと考えていた。中村論文（1982）によると、「被害者は公職者たる身分を有し、公共施設たる学校敷地内で生じた重大不祥事として厳重抗議」したとしている。

一月六日、田村総領事が福建省政府に申し入れたのは全部で六項目あった（第七号・昭和七年一月六日）。

一　省政府の代表者、海軍陸戦隊長、公安局長は、日本総領事館に来館し、総領事に対して正式に陳謝の意を表すこと

二　速やかに犯人を逮捕し厳刑に処すること

三　治安維持の責任者を処罰すること

四　弔慰金銀五万ドルを支払うこと

五　日本人学校に対して銀一万ドルを寄付すること

六　在留日本人の保護について、新たに巡警駐署を各所に設置し、軍隊の警備を厳にすること。また、あらかじめ日本側の同意がなければ撤退しないこと

日本側は、水戸参雄が死の直前に「支那人二人」による犯行だとうかがわせる言葉を口にしていたため、中国側に対して強い態度で要求を行っていたのである。

海軍のルートでは、中国側が四十八時間以内に対応しない場合は、「邦人ノ生命財産保護ノ為必要ト認ムル手段ヲ採ルベキ旨通知」したと東京に報告されている（一月五日十六時）。明言こそしていないものの、軍事行動も辞さない態度を示していたのだ。

これに対し、中国側の対応は迅速だった。

ただちに福建省政府委員会が招集され、日本側の要求を受け入れることが決定した。

すでにその直前、警備担当の責任者の引責辞任が決定しており、さらに、犯人逮捕に協力した者に対して報奨金を出すことを布告するなど、州政府は「邦人殺害」というこの事件を重く受け止めていた。

福州省政府が公表した賞金は、「犯人の密告者は三千ドル、逮捕者には一万ドル」というものであった。

そして、六日午後五時半、日本総領事館で、先の六項目について仮の調印式が行われた。

翌七日の朝には、福建省政府代表である陳培錕、政府委員の林知淵、その他公安局長、陸戦隊長、旅長などの警備担当者が列席して、中国側は正式に事件について陳謝した。

弔慰金五万ドルや小学校への寄付金一万ドルが送付されたのは、一月十二日だった。

さらに、日本側の要求が受け入れられ、日本人居留地域内に、新たに巡警詰所を五か所、巡警見張所を二十一か所、設置することが決まった。

「反日分子」による犯行か？

犯人逮捕に向けた包囲網は狭まりつつあった。

現場調査によって、犯行は強盗を目的としたものではない、と推理された（『顚末書』）。水戸夫妻は殺害されたものの、金品が盗まれた痕跡がなかったとみられる。さらに、水戸参雄においては「被害者は平素父兄の信任厚き青年教育者」であり、妻の光子の殺害についても、怨恨など人間関係のトラブルが動機ではないと考えられた。

事件現場が外部からの出入りが容易であることも、捜査上注目された。

「被害の現場は、外部からの出入りが最も容易であり、隣接する家屋は学校の運動場を隔てて、相当の距離にあり、当日午後は、隣接の居留民会建物内において、在留民大会が開かれていた」という中で、事件は、中国大陸に進出する日本人に対する排日感情のなせるものではないか——という推理に至っていた。

前年の昭和六年末から、福州やその周辺では日本人排斥の不穏な動きが高まっていた。

大晦日には、福建省の南・広東省で日本人殺害事件が起きていた。多羅尾義弘という一人の日本人が中国人の苦力（労働者）と喧嘩となり、殴打され死亡したのだ。

年が明けた昭和七年一月二日には、福州で田村総領事も巻き込まれる日本人を狙った投石事件が起きた。

その日の午後、福州にある西湖公園で市内の中学校生徒が集まり、全福州中等学校反日宣伝大会が行われ、仮装行列や寸劇で、中国民衆の反日感情が如実に現されていた。

軽巡洋艦・北上の艦長である草鹿任一海軍大佐、同じく砲術長で連絡将校も務めていた杉野健次少佐、そして田村総領事が平服で視察していた折、一枚のポスターに目をとめる。それは、日本海軍の軍旗を侮辱する内容であった。一行は、そのポスターを剥ぎ取った。

その後、公園を出ようとした時だった。学生とみられる若者たちに取り囲まれ、石を投げられるなどの暴行を加えられたのである。拳ほどの大きさの石が、艦長や砲術長の顔面に次々と当たったという。

「北上艦長および杉野少佐は、学生と思しき群衆より投石暴行に遭い、面部頭部に軽傷を負い、総領事の誘導にて巡警警護の下に、数町を隔たりたる公安局に難を避けた」（『顛末書』）

しかし、彼らが避難した公安局を、数百人の中国人群衆が取り囲む。

戒厳司令部の車で一行がようやく脱出できたのは、夜十時半になってからだった。海軍の公文書である『公文備考』には、「艦長、砲術長は顔面に投石を受けしも負傷と称する程度にあらず」と記されている。

だが福州の日本人居留民たちは騒然となった。軍艦・北上の艦長や田村総領事が、中国人の群衆に取り囲まれて身動きがとれなくなったことを問題視したのだ。

総領事館に結集した居留民たちの間からは、総領事館の向かいの宿舎に寝泊まりしていた「北上」の警戒兵と、万寿橋に停泊していた水雷敷設艇「円島」の陸戦隊を派遣すべきではないか、という声も沸き起こった。

居留民の怒りは高まり、「事態は急転直下にして、はなはだしく激高しているところがある」と『顛末書』は記している。

さらには前述した通りの不穏な放火騒ぎも相次ぎ、緊張が高まる中で、事件当日の一月三日を迎えたのである。

一月三日の午後二時、事件現場となる小学校の隣に位置する居留民会で、日本人たちは集会を開いていた。集まったのは三百人余り。福州に暮らす日本人男性はほとんどが集結したとされている。

中国側の治安担当者の処罰や、暴行の首謀者を翌日までに逮捕すること、市内にある反日ポスターを今日明日中に全て撤去することなど八項目を決議して、声明文を作成。投石事件から逃れたばかりの田村総領事に声明文を手渡した。そして、前日に起きた投石事件の解決や、居留民保護に関する交渉などを申し入れたのだった。

一方で、海軍はこうした反日感情の高まりを受け福州進出を図ろうとしていた。陸戦隊百名を待機させ、馬公要港部《まこうようこうぶ》の司令官・湯地秀生海軍中将の派遣が決まるのである。馬公要港部は、中国大陸と台湾との間に位置する澎湖島にあった日本海軍の警備府のことである。『公文備考』には、「この機会に於いて極力排日の絶滅を期するため、状況に依りては、武力の示威を必要と認め」とある。

直前にあった前ぶれとも言える「ある事件」

水戸夫妻の殺害の直前、福州では、日本人の小学生が中国人を殺害するという事件が起きていた。

中国で生まれ小学一年生の一学期まで福州で過ごした笹子青子は、極秘裏に処理されたこの事件について、父親からその詳細を聞かされたという（『中国へのノスタルジア』）。正確な日付は不明だが、笹子は福州水戸事件の「少し前」だったと記している。

当時福州では、町の至る所で路上や空き地などに小さな舞台を作って、京劇が繰り広げられていた。鳴り物が響く中、極彩色の衣装をまとい、化粧をした役者たちが踊りを繰り広げる京劇は、福州の人たちに人気の娯楽だった。舞台は屋台のように町のあちこちに展開され、観客たちは料金を払い、立ち見で楽しんでいたという。

そうした賑わいの中で殺人事件が起きた。

日本人の小学六年生の少年が一人でこっそり京劇を見物にきていた。京劇を見に町へ出ることは、大勢の中国人の中に入り込むということを意味し、危険をともなうため、小学校では禁止されていた行為だった。

すでに大勢の人だかりができていて、少年は、京劇がよく見えなかった。そこで何とか京劇を見たいと、中国人たち人混みの間をくぐり抜けて、列の前に出ようとした時だった。

「『何だ、セップンレン（日本人）だな』『セップンレンだ、セップンレンだ』」

京劇見物客の中には珍しい日本人の存在に気づいた中国人たちは、少年を取り囲んだ。

少年は恐怖心に駆られ、護身用に持っていたナイフを取り出し、「近寄るな！」と叫んだという。

「舞台の前方にいた大勢の客が『何だ、何だ』と叫び声のするほうへ押し寄せてきた。大勢の先頭にいた人がつまずいたために将棋倒しのようになり、不幸なことにナイフを持った少年の上に覆いかぶさってしまった。そのはずみで一番下の中国人に少年のナイフが突き刺さった。その中国人は即死状態だった」と笹子は記している。

少年は、思いもよらない事態にその場から走り去り、水戸夫妻がいる日本人小学校に逃げ込んだ。

学校の前には、京劇見物から流れてきた中国人が押し寄せ、口々にこう叫んだ。

「人殺しの少年を引き渡せ！」

それは闇に葬られた

大勢の目の前で起きたこの事件は、その後、極秘裏に処理されていく。

日本人学校の前に押し寄せ、「少年を引き渡せ」と主張する中国人たちに対して、日本側はその要求を受け入れることはなかった。

「その少年は行方不明だ。たとえ見つかっても少年は日本の法律によって裁くので引き渡せない」という理屈だった。

根拠としたのは、治外法権だった。

治外法権は、外交官などが派遣元の国の法律に従う代わりに、派遣先の国の法律に従わないというのが本来の意味であり、相互にその権利を認めることになる。しかし、当時の中国は一八四二年にアヘン戦争終結によって、イギリスとの間で結んだ南京条約や一九一五年に日本と結んだ二十一か条の要求などで、がんじがらめになっていた。

ことが複雑となったのは、この少年が台湾出身だったからだ。

当時の台湾は、日本の統治下にあった。日本と清の間で繰り広げられた日清戦争で、日本が勝利し、両国の間で結ばれたのが下関条約である。その条約において、台湾は当時の清国（中国）から日本に割譲された。以後、台湾総督府が台湾を統治することになり、日露戦争で満洲軍総参謀長を務めることになる児玉源太郎や、関東大震災後の東京復興計画を担うことになる後藤新平らがその任務を担っていた。

当時の日本にとっては台湾出身者も日本人であり、治外法権として処理することになった。

笹子によれば、少年は一時、日本人小学校の校長のもとに匿われていたという。そして、密かに船で台湾に送り帰されていたというのである。

「これは少年が未成年の子どもであるため、事件については日本人にさえ誰にも知らされず、また、日本側は殺された中国人の家族や関係者の報復を警戒してあくまで極秘事項として取り扱った」(『中国へのノスタルジア』)

校長は事件が落ち着いた後、何度も台湾におもむき少年を訪ねている。笹子は、自分の父親が「最後までその少年の面倒を見た校長の態度は立派である」と評価していたことを覚えているという。この事件の構図は、日本によって事件の真相が闇に葬られていくという点で、福州水戸事件と類似点がある。

なお、この事件について当時の公文書を調べたが記録は見つからなかった。

「国防上の要地」だった福建省

ここで当時の福州の状況について説明しておく。

福州は日本にとって国防上の要地として重要な地点の一つだった。

十九世紀末、中国では列強が租借地を設けたり、鉄道敷設権や鉱山採掘権を奪ったりしていた。ドイツは膠州湾、イギリスは威海衛、フランスは広州湾、ロシアは旅順や大連を租借地としていた。租借地（租界）とは、国家間での貸し借りされる土地のことである。

こうした中、日本が手に入れたのが福州だった。

始まりは日清戦争だ。日清戦争は、朝鮮半島で甲午農民戦争が勃発し、日本と清が派兵。そのまま朝鮮半島の支配権を巡って豊島沖の海戦で戦闘に突入し、平壌の戦いや黄海海戦に日本が勝利して終わった。

そして、清朝政府との間で結ばれた下関条約により、明治二十八（一八九五）年から、台湾は日本に割譲されたのはすでに前頁で述べているとおりだ。

福州がある福建省は、台湾の対岸にある。日本にとって福州は、中国大陸に勢力を拡大する上での「足がかり」となる重要な土地だったのである。そのため、日本は日清戦争後に、清朝政府との間で、台湾の対岸の福建省を外国に割譲しないことを約束させる福建省不割譲条約も結んでいた。

台湾総督府は、長年、福建省や福州を重視していた。

例えば、明治二十九年に台湾総督府の第二代総督に就任した桂太郎は、首相の伊藤博文に宛てて、次のように意見書を送っている。

「台湾の施設経営は、単に台湾の境域に止まらず、更に大に対外進取の確策なかる可からず。（中略）即ち南清福建一帯の地を以て我有に帰せんとする、是なり」（『公爵桂太郎伝』）

つまり、台湾だけでなく、中国南部・福建省の一帯を日本が占有することが、国益にかなうというのである。

明治三十三年、実際に福建省占領が検討されたこともあった。

当時、中国各地では、義和団とよばれる宗教結社が「扶清滅洋」を掲げ、各国に対して反乱を起こしていた。清の西太后も義和団を支持し、各国との対立は深まっていた。

そして同年八月十日、当時の首相・山県有朋は、「厦門占領」を閣議決定するのである。厦門は、福建省南部にある大都市で、日本人も多く暮らしていた。

八月二十四日、厦門市内にあった東本願寺布教所で火事が発生する。これを受けて、台湾総督・児玉源太郎と民政長官・後藤新平は、厦門の治安維持を名目にして、軍の派遣を決めるのである。結果的にこの動きは、イギリスやアメリカなどの非難を受け、中止となった。

この義和団事件後、台湾からの軍が派遣されるような目立った事件は起きていない。しかし、台湾を拠点にして、中国大陸進出をうかがう日本にとって、その最前線が、福州のある福建省であることは変わりなかった。

福州には欧米各国も進出していた。福州の南にある厦門と共に、中国南部の沿岸部にある貿易港として重要視されていたからである。

アメリカは鶴齢英華書院や格致書院などの学校を展開、またイギリスは三一学校を運営するなど、子弟が通う学校を準備するほどにまで、福州に多くの欧米人が暮らしていた。日本は台湾総督府が資金を投入し、東瀛学校を展開した。日本人学校とは別で、台湾の人や現地中国人を教えるための学校だった。中村孝志によれば、イギリス聖公会の優秀な教師が第一次大戦後に帰国したこともあって、教育の質は東瀛学校がもっとも高かったという。

そのため欧米の人たちの間では、「毎日のように、盛んに排日講演会が行われ、東瀛学校の生徒の登校にも支障を来すほどになった」（中島利重『米寿の語り』）。

福州市内で繰り広げられる反日大会

福州では、反日の気運が強く、水戸夫妻殺害の直前には福建省で「排日永遠経済断交運動」が起きていた。

この「排日永遠経済断交運動」の対象は、日本製品の不買、日本への原料不供給、日本人のための服務拒否、日本人の雇用拒否、日本側銀行との取引拒否、日本汽船への乗船拒否、荷役拒否、賃貸の拒否など十か条の広範囲に及んでいた。

反日救国会と呼ばれる団体が、学生たちに働きかけ、昭和六年十月八日から十日にかけて「大々的宣伝を行うこととなれり」と外交文書には記されている（『支那に於ける排日運動』）。

日本人と取引すると「制裁を甘受する」という誓約書に七百人余りが署名して、日本人との取引を「一切拒絶した」他、日本統治下にある台湾銀行からの預金引き出しは、「五十万元に達し、為替売買も無く、また大阪商船積み込みのものは中国製品といえども荷揚げせしめず」と記録されている。

なお福州に進出する日本企業は、事件の二年後、昭和九年で次のようであった。

主要企業：台湾銀行支店、南国公司支店、大阪商船会社支店、大福洋行

資本金一万円以上：広貫堂（貿易）、艀船洋行（倉庫業）、天田洋行（日用品雑貨）、東来閣（貿易）、昭恵洋行（バナナ販売）、大吉洋行（茶・雑貨）、常盤亭（料理店）……。

これらのいくつかは、後に本書でも重要な役割をもって登場する企業である。

反日大会三日目の十月十日には、市内のあちこちで、若者たちが演説会を開き、通行人に反日のビラを配ったり、大声で反日の歌を歌ったりしているという緊迫した状態だった。

さらに十月十二日には、アメリカ系の協和大学の学生百五十名ほどが「打倒日本」と口にしながら、英国領事館方面から日本人居留区である倉前山に押し寄せ、福州総領事館の正門前で「世界平和の攪乱者を倒せ」と英語で訴えるという展開になった。

この時、総領事館や宿舎付近には、停泊中の警備艦から二十人の水兵が上陸して警備にあたっており、学生たちと真っ正面から対峙し緊迫した事態に陥ったと記されている。大会の最中、突然大雨が降り始めて聴衆は散り散りとなったが、一部学生は「濡れ鼠となりながら、狂叫しつつ、城内を遊行」したという。

この時、福州総領事館や居留民会も反日運動に襲われている。

「門扉に『ペンキ』にて、悪戯書をなし、又、電話にて総領事館その他へ間断なく暴言脅迫をなす者あり」(『支那に於ける排日運動』)

そうした緊張の中で、福州水戸事件は勃発したのである。

日本軍進出の噂

水戸夫妻の殺害をきっかけに、日本軍が福州に進出するという推測が広がった。

一月六日午後八時、馬公要港部司令官から東京の海軍省軍務局長へ次のような報告がなされた。軍務局長は、海軍省の中でも大臣、次官に次ぐ要職で軍政を管轄している。

その打電には、馬公要港司令部から参謀たちが福州に向かったことが記されている。

「この際、司令官自ら福州に出張し親しく現状を視察して今後の方針を示し、北上艦長、新規配属の第二十七駆逐隊司令、並びに総領事などを督励することが極めて必要であり、必ずや打陣の意志に合致する所もっともと考えられる」(機密第三〇番電)

中国側に日本の要求受け入れを徹底させるだけでなく、強い態度で臨むことが、海軍大臣を含めて必要であると認識されていたことがわかる。

すでに触れた通り、馬公要港部は、中国大陸と台湾の間にある澎湖諸島を管轄する日本海軍の部隊で、明治三十四年に設置された。当時、台湾を統治下においた日本にとって、中国大陸と相対する要衝の地であった。後に太平洋戦争の直前には、警備府に昇格し、馬公方面特別根拠地隊が編成されることになる。

「機密第三二番電」（一月七日）からは、福州の中国人たちの不安や混乱がうかがえる。

「我（日本軍）に対する恐怖は甚だしく、開戦の流言を信じて、避難する者まで現れている」と記されている。水戸参雄殺害事件を受けて、日本が軍隊を出動させることで一気に武力衝突に発展するのではないか、というのである。

福州への日本軍進出の噂は、周辺の都市にも広まっていった。

南京の上村伸一領事が一月五日午後、東京の外務省に打電した「第一一号」には、南京に漂う不穏な空気が記されている。

その日の南京では、水戸夫妻の死について新聞各紙が「日本人教員が三日夜に自殺した」と伝えていた。その上で「日本の領事が支那側に対して、暗殺だと主張している」と新聞は報じていると上村領事は記している。

さらに「日本の領事は、台湾総督府に対して出兵を要請し、四日夜には福州に到着するとの情報がある」「日本の陸戦隊三千二百人が福州に上陸したとも伝えられている」と報じられていると報告している。

厦門の三浦義秋領事も一月六日午後、東京に打電している（第三号）。

三浦領事は、正月早々、日本人二人が惨殺された水戸夫妻殺害事件は「希有の事件」であり、「日本は、必ずやこの機会を逃さず福州を占領して、何らかの補償を要求すると観測する者が多い」と東京に伝えている。

一方、中国は、日本を刺激しないよう警戒をしていたことも「第三号」からうかがえる。福建省政府は、一月五日に厦門の警備司令部に次のように指示していた。

「愛国運動という名のもとで、日本人の生命財産に危害を加え、地方政府を死地に陥らしめんとする者あれば、断固たる臨機の処置を執り、必要に応じて随所に格殺せよ」

この「格殺」は聞き慣れない言葉だが、三浦領事は括弧書きで「射殺、惨殺など」と記している。つまり、福建省政府は厦門の警備司令部に対し、何かあればその場で射殺してでも、日本人に危害を加えるような事態を避けるように命じていたのだった。

「これが為、市中の警戒は異常の緊張を示している」（第三号）

実際、福州には一月七日に日本海軍の軍艦が四隻入港している。福州に停泊する軍艦は、それまでの三隻から合計七隻へと一気に増えたのである。

日に日に緊張が高まる中、田村総領事は万が一の事態に至らないよう、福建省政府との間で事態収拾に努めていることを東京に報告している。

「福建省政府が事態の重大性を覚り速やかに解決したことで、拡大するに至らなかったことは不幸中の幸いなり。特に本日（一月七日）、湯地司令官とさらに四隻の軍艦が入港したため、省政府が私の助言を受け入れて前日のうちに行動してくれたことは双方にとって好都合であったと思う」（機密第八号・一月七日午後発）

国際交流の舞台、福州市の光と影

現在では総人口が七百万を超え、中心部には高層ビルが建ち並ぶ福州。当時はまだ町のあちこちが荒れ地だった。道路がなく、あぜ道が広がっていて、川を船で進むのが主要な交通手段だった。

そんな福州は、外国人排斥の空気が充満する一方で国際交流の舞台でもあった。

福州水戸事件の半年後の七月に福州で暮らすことになった後の甲南大学教授・佐藤明雄

は、当時の福州について「楽園」のような町であったと記している。

「戦前の福州は、３００人程度の日本人を含め、英、米、独、仏、伊等十数カ国の居留民が生活する、国際色豊かで開放的な、文字通り『楽園』のような町であった」（『私の福州物語』）

さらに「この地で過ごした幼少時代の5年間は、私の生涯においても最も幸せな時代であったといえる。『楽園・福州』の表現は誇張ではない。温暖な気候。（中略）睦み親しんだ中国、英、米、独、仏、伊各国外人や邦人同士の温かい人情」と述べ、自身が感じた福州の魅力を次のように記している。

「温暖な気候と風光明媚な自然、山海の美味にも、茘枝や龍眼、オレンジ等の豊富な果実にも恵まれた土地であり、季節にはジャスミンの香りが町中を包み、緑濃い榕樹の陰が至るところで、建城２０００年というこの古い街並みに風格を添えていた。その遙か南には特徴ある五虎山の威容が、町のどこからでも眺められた。悠揚たる閩江《びんこう》の流れと、上流から木材を運ぶ長い筏の連なり。古く鎖国時代には、この流れを遡って地域を脅かした和寇の襲来があり、その名残は【和寇台】と呼ばれる見張り櫓に残り、われわれの夕方の散歩のよき目的地であった」（『私の福州物語』）

佐藤の『私の福州物語』に掲載された「ニューイヤーイブパーティ」の記念写真では、各国の人たちがそれぞれに仮装し、笑顔を浮かべている。「一九四〇年頃」（昭和十五年頃）と但し書きがされており、日中戦争が続き、太平洋戦争も迫る中での交流がうかがえる。

さらに前出の笹子青子は、居留民会は日本人同士の交流の場所でもあったと記している。
「居留民館（筆者注：居留民会の建物と思われる）には和服や洋装で着飾った婦人たちの食事会や茶話会、ダンスパーティもあって、人々の交流の場、親交の場として親睦を深め合っていた。福州在住の日本人は親同士みな顔見知りで、そのうえ、お互いの子供の顔や名前もみんな知っていて、家族ぐるみのつきあいだった」（『中国へのノスタルジア』）

福州に暮らす日本人たちにとって、六月に最盛期を迎えるライチを採ることは最大の楽しみの一つであったようだ。
「大勢の日本人が小山に登り、ライチィの枝を折って、実をもいで食べた。皮の色はあざやかな赤色で、皮をむくと真っ白な実がでてくる。こんなおいしい果物はほかにない。私は子供心にそう思った」

笹子の家は、中国人の子守を雇っていて、朝から晩まで面倒を見てくれたという。そのため福建語を自然に覚えることができ、おかげで現地の中国人との間に垣根はなかった、と述懐している。

その頃、中国では孫文が結成した国民党と、毛沢東らが率いる共産党との内戦状態が続いていた。そのため、福州でも小規模の衝突が度々あった。その際、佐藤は「われわれ日本人家庭では、日の丸を掲げて中立を明示した記憶もある」（佐藤明雄氏のメモ）

こうした各国の緊張感をはらみつつも、草の根では国際交流の舞台ともなっていたのが、当時の福州だったのである。

「中国側の犯行」か⁉

排外・反日感情が高まる中で起きた水戸夫妻殺害事件だが、福州総領事館は、反日感情による犯行である可能性に加え、中国側が「内政に利用せんとする犯行なりとの推定」をしていた（『顚末書』）。

すでに触れているように、中国では国民党と共産党との間で内戦状態が続いていた。福州でも省政府当局と反省政府系とを中心に複雑な政治情勢にあった。

明治四十四年に孫文や黄興らによる辛亥革命が起き、それまで三百年近く続いていた清王朝がつぶれた。古代より続いていた中国の君主制が廃止され、共和制国家である中華民国が誕生した。この時、福建省には廈門軍政府が樹立された。

そして、昭和二年の上海クーデターをきっかけに、事態は混乱していく。

三月、上海では周恩来らが率いる共産党が労働者と共に武装蜂起。臨時政府を打ち立てた。これを制圧するため、蔣介石率いる国民革命軍が上海に入り、労働者との間で衝突が起き、何百人もの死者がでたのが、上海クーデターである。この時、中国各地で共産党員に対する弾圧（処刑）が繰り広げられたのだ。

福州でも対立や衝突が起きていた。

水戸夫妻殺害の二か月前には、南部にある長楽県と福清県の近辺で、独立党の党主・林寿昌が率いる地方民団・農民と駐屯軍隊との間で衝突があり、「流血の惨事」が起きていた。省政府は地方民団と駐屯軍隊の間に入り、ことを収めようとしたが、反省政府系は、衝突をあおることで、省政府を追い込もうとしていたのだった。

田村総領事ら総領事館がこうした「専ら注意」を払っている中で、水戸夫妻の殺害が起きたのだった。水戸夫妻はキリスト教への厚い信仰心を抱く教育者夫婦だったため、怨恨が犯行理由とは考えにくかった。そのため、中国の内政上の対立や混乱が背景にあるのではないか、と考えるようになったのだった。

そして田村総領事は、次のように推理したのである。

事件は、省政府を危地に陥らせるために起こされたのではないか。反日感情が高まっているのに乗じて、日本人が殺害されたのではないか——。

浮かび上がる犯行像と動機の謎

水戸参雄が死の直前に漏らした「進吉にやられた」という言葉。

その一言が意味することは、福州に暮らす日本人にはすぐにわかった。

台湾出身の日本人が経営する天田洋行という雑貨・洋服店で働いている通称・進吉こと洪進玉を名指ししていたのだ。進吉は日本語を話し、天田洋行を訪れる日本人の間ではよく知られた存在だった。

この「進吉」に関する情報は一部の関係者だけに秘匿された。

「水戸訓導は死亡直前、犯人は一台湾人と支那人二名なりと告げたが、この台湾人の点については支那側および外部に対して絶対秘密とし、犯人は支那人二名なりとして、省政府を督励し犯人捜査並びに在留民各住宅に警戒兵を配置している」（外交文書・第四号・極秘・一月四日発）

一方で進吉への疑いは強まっていた。手がかりは死の直前、犯行グループについて水戸参雄が残した「洋服の袖裏」という謎の数語だった。

この言葉について田村総領事らの推理は次のようなものだった。

水戸は、進吉が働く天田洋行に洋服の修繕を依頼していた。事件の夜、進吉は学校内に暮らす水戸夫妻を訪ねた際、「洋服の袖裏を持ってきました」と言って安心させ、ドアを開けさせたのではないかと。そして、ドアを開けた瞬間、光子に致命傷を負わせ、参雄にピストルを発砲したのではないか。

しかし、進吉が、なぜ水戸夫妻を殺害しなければならなかったのかは謎のままだった。夫妻を一瞬で死に追い込むほどの恨みがあったとは思えなかった。

進吉は天田洋行で働く以外にも、中国人が経営する洋服店・新時代でも、注文取りとして働くようになっていた。日本語が話せることから、福州に滞在する日本人家庭を回っては、洋服の注文や修理を受けつけていたのだ。

日本人コミュニティでは、進吉のことを「もっとも日本化せる台湾人」と認めていたという。

台湾は大正八（一九一九）年から日本による同化政策が進められてきた。日本本土の延長として台湾を位置づける「内地延長主義」であり、台湾の民衆を「日本国民」として位置づけ、「日本国民」としての意識を植えつけるという政策だった。

事件当日、進吉は現場となる小学校のすぐ隣にある建物で開かれていた、日本人たちによる居留民大会にも出席していた。事件発生の数時間前のことである。『顛末書』では、進吉のことを「何ら危険思想の持ち主とも見え」ないと記している。

ただ、「本人は激しやすき性質にして、最近支那人に負傷せしめて、総領事館警察署の戒告を受けたる事実」があった。

その進吉が、なぜ日本人教師夫妻を殺害するに至ったのか。田村総領事らは、二つの可能性を考えた。

一つは、頼まれた洋服の修繕に関して、水戸夫妻と進吉の間で何らかのトラブルが発生したのではないか。もう一つは、進吉が普段は表に出していないが、実は心の底で「反日感情」を抱いていたのではないか、というものだった。

実行犯の足取り

捜査は事件当日の進吉の足取りを辿るところから始まっていた。

注目したのは、水戸夫妻殺害事件が起きる一時間前、領事館警察の田口巡査部長の宿舎への放火だ。放火時刻が事件の直前であったため、水戸夫妻殺害と宿舎放火は、同じ日本人コミュニティを狙っており、二つは関係があるのではないか、と捜査陣は考えた。

そして進吉が、その時刻に宿舎のすぐ隣にある東瀛学校の教員宿舎を訪ねていたこともわかった。巡回中の浜田巡査が、進吉と出会っていたのだ。浜田巡査は進吉と顔見知りで、間違いのない情報だった。

その直前、進吉は教員宿舎に暮らす国語教師・陳戊壬の妻を訪ねていた。

陳は台湾出身で、国語学校公学師範部乙科を卒業し、日本語担当で福州の日本人コミュニティに打ち解けていた。進吉が訪ねた陳の妻は、日本居留民会の近所にある中国人経営の洋服店・美州の二階に暮らす女性と、台湾総督府が資金援助して発行されている情報誌「閩報《びんほう》」の事務員、劉錦芳との縁談の仲介人をしていた。

ちょうどその日、縁談がまとまり、進吉は嫁ぎ先の女性から受け取った礼金・総額五百元の半額、二百五十元を持って、陳の妻のもとに届けていた。

礼金を渡した後、進吉は陳の妻が用意していた夕食を摂り、帰路についた。

そして、宿舎を出て歩いていたところを、浜田巡査とすれ違ったのだった。

進吉は、陳の宿舎から出たその足で、警察官宿舎へ放火、同じ日本人居住エリアにある小学校で、水戸夫妻殺害に及んだのではないか――。

この見立てを裏づけるような情報も得られた。

洋服店・美州の二階も捜査された結果、進吉が着ていた外套と帽子を預かっていたことが明らかになったのだ。進吉は外套と帽子を脱いで身軽になり、陳の宿舎で用事を済ませた後、水戸夫妻の殺害におよび逃亡したのではないか、と捜査陣は考えた。

こうして進吉が犯人であることを示す状況証拠が、次々と明らかになってきた。

問題は、進吉が今どこにいるのか、だった。

進吉が勤めていた天田洋行で得た情報によると、進吉はかつて自動車の運転技術を習得するため、廈門に滞在していたことがわかった。当時の知り合いなどを頼って廈門に逃亡しているのではないか、と捜査陣は考え、廈門にある日本領事館に捜査を依頼した。

共犯者についての捜査も進められていた。

水戸参雄は、死の直前「進吉にやられた」「支那人二人」とも口にしており、共犯者がいる可能性が高いと思われた。現場周辺の欄干や外壁に血痕が残っていたため、二人のうち少なくとも一人は、現場で傷を負い、血を流しながら逃走したとみられる。

そこで、水戸夫妻が運びこまれた博愛会医院や福州内にある医院や薬局に対して、事件直後に負傷して駆け込んできた人物がいないか、一斉に問い合わせが行われたのである。

犯行グループを追う捜査の網は狭まりつつあった。

巻き起こる日本軍進出論

事件を受けて、日本統治下にある台湾軍の大陸への進出論がうごめき始めた。

田村総領事の報告によれば、事件勃発当時、台湾軍はただちに、馬公要港部司令官に対し、台湾軍より連絡将校を派遣するかどうか検討するなど、活動を活発化させていた（第七三号・極秘）。その動きは「大分焦りたる旨」であったと、馬公要港司令官から聞かされていた。

海軍内では、次第に福州への進出論が高まっていく。
「当地への出兵に付き、むずむずしている趣にて、台湾島内の一部の対岸積極政策論者などと策応して、空気の醸成に努めつつありとの聞き込みあり」（同第七三号）
田村総領事が「むずむずしている」と表現しているのに目を引かれる。出兵への「空気の醸成」も進めているという。
台湾軍の動きについて、田村総領事は満洲情勢と関係があるのではないかと分析している。
「おそらく関東軍の満洲における活躍を羨望し、陸軍部内にて台湾軍として当方面を窺い、特に当地は省政府所在地にて軍備漠弱なるに乗じて、一挙に陥れるべしとの考えが無きにしもあらずであろう」（同第七三号）
関東軍の満洲進出に焦った台湾軍が、動き出そうとしているというのだ。
さらに海軍にも同じような考えがあると、田村総領事は報告している。
「海軍側一部にも、当地が支那海軍の発祥および根拠地たるに鑑み、また同様の考え無きにしもあらずと看取せらるる節あり」（同第七三号）
台湾総督府の事務官だった本山文平《もとやまぶんぺい》は、台湾軍司令部は出兵に向けて具体的に動いていたと記している。

「台湾軍司令部より、これを口実として、出兵を日本国の軍中央部に申請した。しかし日本軍の中央部は、出兵は北支に限ると、南支への出兵の請求を却下してきた」(『私の九十年』)

しかし、台湾軍司令部と東京とで具体的にどのようなやりとりが行われたのか、それを知る資料は残されていない。

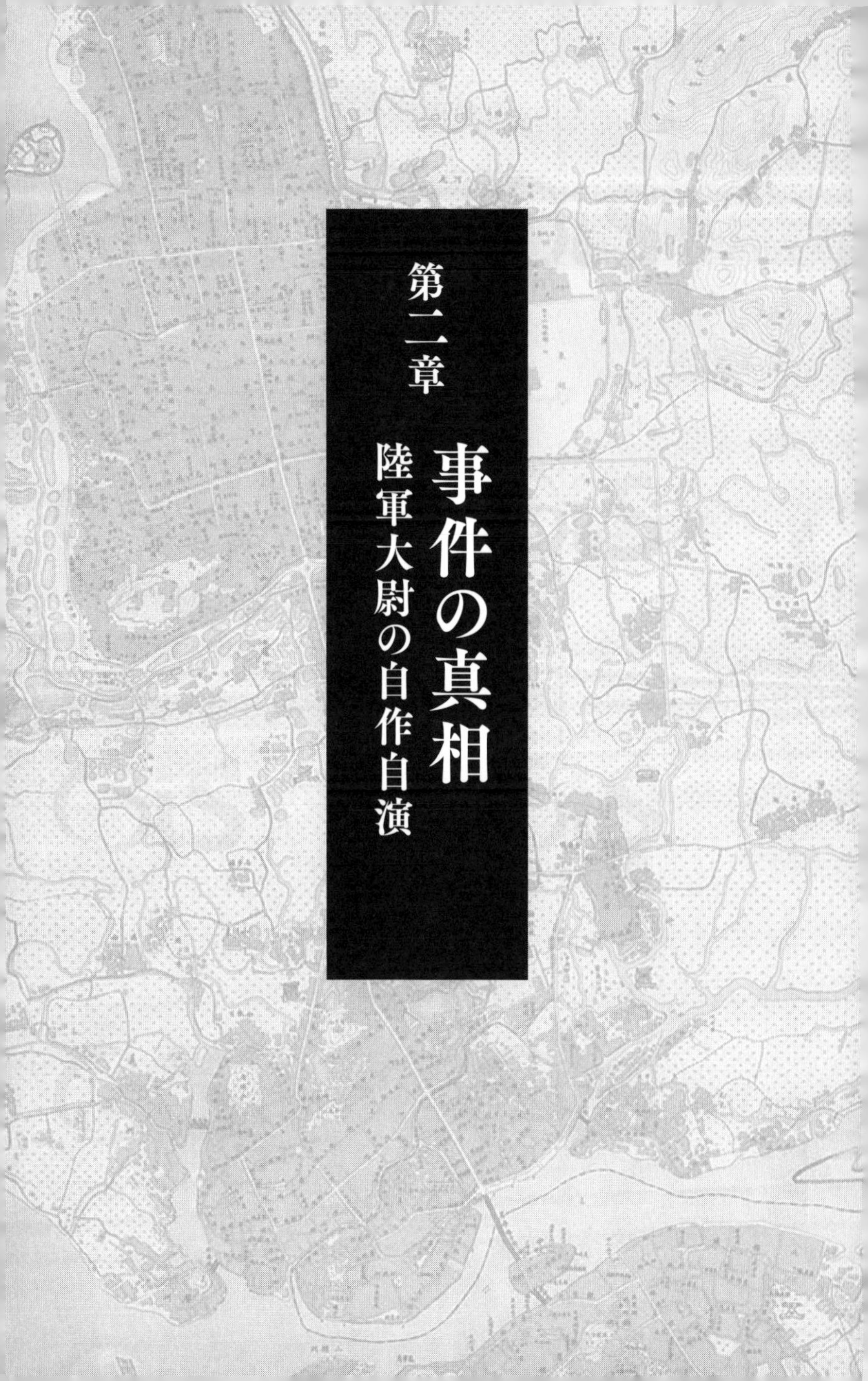

第二章　事件の真相

陸軍大尉の自作自演

謎の投書

事件から三日がたった昭和七（一九三二）年一月六日、総領事館に謎の投書があった。宛先は田村総領事と中山署長、と極めて明確に書かれていた。差し出し人は、「台湾公会一份子S生」とある。

内容は、李爐己という男が、水戸夫妻殺害に関与しているというものだった。

李は、台湾出身で当時三十九歳。日本語の教員を養成する台北第二師範学校の出身で、ある程度、日本語によるコミュニケーションが可能な人物であった。また中村論文（1982）によれば、「国語学校公学師範部乙科を六三名中首席で出た台湾人のインテリで、能弁にして筆も立ち」という高評価の人物であった。

手紙は、李とその部下たちの行動について、こと細かに記されており、犯行グループに極めて近い立場にいる人物の手によるものであると推察された（『顛末書』に「附録一号」として全文が添付されている）。

投書は次のような一節から始まる。

「水戸夫妻が国のために犠牲を払ったのは、実に遺憾千万かつ十二分に憤慨するものである。三日夜、もし放火が成功すれば、日本人や台湾人が少なくとも十人は殺されるという計画だったので、一寸一言をご参考に供します」

実際には誤字や日本語としておかしいところが散見される文章だったが、唐突に李の名前を挙げ、料亭・常盤亭で集会を重ね、ことを企てていると告発していた。それは李の行動をすぐ近くで見ているような生々しい内容だった。

「常盤に於いて、血酒を飲み、同心協力一致行動、互いに利益を擁護するよう宣誓している。彼らは台湾に於いて、ことごとく数回の前科がある犯罪者であり、いかなる無人道のこともするものである」（一部文書では「常磐」と表記。本書では以下「常盤」）

そして、投書の主は、水戸夫妻殺害事件の二か月前（十月十六日）に総領事館を襲撃する計画があったことも明かす。その計画の中心にいたのが李で、彼が率いる「強大党」や福州に暮らす「文化協会」と呼ばれる「浪人たち」がメンバーだったというのだ。

その計画は、大規模なテロだった。

総領事館を襲撃し、さらに警察官宿舎と居留民会に放火、日本人の山田と山下、台湾人の陳天星、柯保羅、林漢字などを殺害するというのだ。目的は、福州の治安を混乱させ、日中の対立を激化させ、「強大党」の勢力を伸ばそうというものだった。

結局、日本海軍の警備が強化されていたため、計画は実行に移されなかったが、投書の主は、計画そのものは、料亭・常盤亭の帳簿を調べ、主人に話を聞いてくれれば「明瞭出来ます」と述べている。

投書の主は、「我々、台湾人」などと記しており、台湾出身の親日家、日本語ができる人物だったと推察された。

李の追跡

真相解明の鍵は、事件に使用された凶器にある、と投書には記されていた。

投書の主は水戸夫妻の死体を見ていないが、使われた刃物は、次のようなものではなかったか、と問うていた。

「水戸妻の死体状態、余は目撃していませんが、確かに匾鑽《へんさん》による刺殺と思う。私はかつて洪進玉（筆者注：進吉）と松山人尊賢、沙魚がこの五寸の長さの刀を携帯しているところを目撃しました。この刀は特別製で福州では売っておらず手にはいりませんから、水部度量衡製造所内の某台湾人の鉄道部技師が製造したもの」であるというのだ。

匾鑽については、丁寧に挿絵も書かれている。

笹の葉のように尖った刃物に細い金属製の棒がついていて、その端には丸い輪がついている。この穴に親指を入れて使用するという解説もあった。なお、文中に名前が挙がっている松山人尊賢については「実名は知らない」としているが、沙魚らと共に、李と同じ台湾や廈門からの出身者であると投書は説明している。

さらに、犯行に使われたピストルについても、入手の経緯が詳しく書かれていた。

「嗚呼、強大党の行為は実に惨虐極まれり。最近、台支人から煙具を百七十本と現金四百元を強奪した。その不義の金をもってピストルを買い、台湾自衛軍を組織しつつある」

そして投書は、事件現場に血痕を残していた人物についても言及していた。

「もし貴領事館が水戸夫妻の死因を明瞭にする必要があれば、まず多数の警察を派遣して下道振順洋行の主・許阿分および潜在している陳明東および松山人尊賢、沙魚を捕縛の上、同時に支那官警とともに度量衡製造所を包囲捜査すれば、水戸妻を殺害した者の右手負傷者が発覚すると信じています」

当事者か捜査陣しか知らないような現場や凶行の様子を詳しく語っており、投書は李の追跡を急ぐべきだと訴え、具体的な場所まで記していたのだ。

投書が届けられた一月六日、まさにその夜、逃亡資金を調達した李は、泉州へ逃げるか、あるいは、とある店の二階に隠れているか、どちらかだと、投書の主は書いている。

「私は目下非常に貧乏であるけれども、水戸夫妻の死の真相を明瞭にしたいと考えています。前に名をあげたような無頼に対して分別調査（距離隔離）をすれば、必ず水落石出（筆者注：明るみ）になります。まずご参考まで」と投書は結ばれていた。

この投書を手がかりに、すぐに李の追跡が行われることになった。

共犯者の収監

投書があった一月六日は、犯行グループに迫る大きな進展があった。

事件当日の夜、博愛会医院に、銃創を負った一人の中国人が運び込まれていた、という情報が入ったのだ。

博愛会医院は、水戸夫妻が運び込まれた病院だ。

しかも、手紙で告発された李爐己が、負傷した男の面倒を見ていたというのだ。

田村巡査部長が、早速博愛会医院を訪れたところ、件の男は今も入院していることがわかり、小林喜久男外科部長の立ち会いのもと、取り調べが行われた。

男は、黄依俤、二十七歳と名乗った。右頬に傷を負い、銃弾が食い込んだままだった。

「夜歩いていたところ、福州城内の南門付近で、中国人に撃たれました」

男はそう説明したが、田村巡査部長は信じず、病院側に男の身柄引き渡しを要求した。

警察署内に連行して、さらに詳しく取り調べるためだった。

小林義雄院長は「中山署長と話をしてから判断させてほしい」と答えた。そして小林院長は、その足で中山署長を訪ね、その間、田村巡査部長は、男が逃げないように病室で監視を続けることになった。

小林院長が、わざわざ中山署長に直接確認をしようとしたのには訳があった。

「男を引き渡すことは、今すぐにも可能である。ただ、引き渡したことが中国側に知れれば、何があったのか説明が必要になる。そこは大丈夫なのか」

病院に治療を求めてきた中国人の患者を、無断で日本側に引き渡した場合の外交上のトラブルを心配したのである。

中山署長は男の身辺や事件当夜の行動について調査を進め、男の供述はことごとく嘘であることが判明していった。

中国人の黄依俤という名前は偽名で、実際には台湾の黄天賜というのが本名だった。台湾から福州に渡ってきたという渡航歴も明らかになった。そして、城内の南門付近で住民への聞き取りを行ったところ、一月三日夜に、黄が言うような銃撃事件は起きていなかったのである。

右頬に傷を負った黄天賜が、事件に関わっている疑いが強まった。

ひるむ外務省

水戸夫妻殺害に、李爐己という台湾の男が関与している可能性が浮かび上がったことで、福州総領事館は対応に苦慮していた。それは「日本軍なども関わっているのではないか」、という懸念だった。

田村総領事は、「大至急、極秘」として上で、事件の背後にある複雑な状況を東京の犬養外務大臣に打電している。

「本官は、事件は台湾人の仕業なりとの目星をつけ内偵をしていたが、いよいよ張本人は閩報館員・李爐己が首謀していることが分かってきた。何らかの一大問題を惹起して、日本軍の占領に乗じて、一仕事しようとの陰謀であった」（第一三号）

閩報館は、博愛会医院と並んで台湾総督府の大陸政策の一環として位置づけられ、大正六（一九一七）年に善隣協会が買収した新聞の一つであった。日刊六頁、当時の館長は、東京大学政治学科卒業の鎌《かま》田《た》正威《まさたけ》で、台湾総督府に入り、調査課長や外事課長などを歴任した人物である。

台湾総督府で警務局長を勤めた本山文平は、『私の九十年』の中で、鎌田と李の関係について次のように記している。

「李は以前、台湾の万華の暴力団員であった。私の友人、福州日報社長鎌田正威君に拾い上げられ、福州日報の社員として勤務中」であった（筆者注：福州日報は閩報館のことと思われる）。

つまり、この段階で、李は日本の統治下にある新聞社の一員であることが把握されており、事件に台湾総督府が何らかの形で関与している可能性があったのである。

領事館は、謎の告発文を受け取った前後から、李が何らかの形で事件に関与していると考え、「直接加害者とは認め難きも、諸般の材料により容疑の点は充分」であると『顛末書』は記している。

しかも李は、事件が起きる少し前から、周囲に「俺は、日本軍から重要な使命を帯びている」と吹聴していたという情報も入ってきた。

李は、廈門方面からやってきた台湾出身の「無頼漢」たちを率いて、「強大党」という徒党を組んでいた。今でいう暴力団のようなものだったようである。事件の数日前、この「強大党」のグループが、台湾の住民が営んでいる阿片窟を襲い金品を強奪した事実を田村総領事は確認していた。

逮捕すべきか否か

李の行動は厳重な監視下におかれるようになった。

田村総領事は、日本海軍も状況を把握している可能性が高いと考えていた。李が、福州に停泊中の海軍の軍艦・矢矧の艦長に対して事件との関与を臭わせる発言をしていたという情報を掴んでいたのである。

だが、李をすぐに逮捕して良いのかどうかが問題だった。

田村総領事は、反日感情にもとづく中国人による犯行として、中国側に対して、治安の強化や賠償金を求めるなどの強い行動に出ていた。事件に台湾の人間が関与していれば、日本側にとって不利な状況に陥ることになる。

一方で、李を逮捕しないことも危険だと、田村総領事は考えていた。

北上艦長への襲撃事件もあり、日本海軍と中国側の警備艇が多数向き合い「両者は緊張状態」にあった。李は日本軍が福州に進出し、軍事衝突が起きることを望んでいる可能性がある。そんな李を自由にさせていては、日中間の緊張をさらにエスカレートさせる「第二の石」を投げ込んでしまうと考えたのだ。

田村総領事は、「ただちに李を検挙してよいのかどうか、折り返し八日中に何分のご指示を頂きたい」（第一三号）と電報を結んでいる。これに対し、犬養外務大臣からの返答は「しばらく様子を見てはどうか」というものだった。一月八日朝七時の「第五号」は「極秘大至急」として次のように記している。

「本人を今直ちに検挙するのは、貴見の通り局面を逆転する恐れがある。出来れば、当分の間は尾行などの方法によって、支那側に気づかれない形で、本人の今後の策動を防止しおくのが得策なり。ただ、右のごとき方法では到底策動を予防することが困難であったり、本人が逃亡する危険が切迫したりした時には、即時に検挙することはやむを得ない」

東京からの指示は、事件の真相は決して中国側に漏れないようにしなければならない、というものだった。

検挙にあたっても、水戸夫妻殺害とは関係のない事由で逮捕するよう「取り繕う」必要がある、と指示。最終的には、「(逮捕した李を)台湾に移送することも一つの方法である」と、今後のこの事件の行方を示唆するような助言を与えている。

ついに李の逮捕へ

事件発生から五日後の一月八日午後三時、ついに李が逮捕される。

逮捕の容疑は常習賭博。別件の容疑によって逮捕に踏み切った。

「時局柄、李を放置し置くことは対外関係上、危険至極につき、一月八日午後三時、李を招致し、常習賭博違反として簡単尋問の上、留置場に収容せり」(『顚末書』)

田村総領事は、一月九日午前、東京の犬養大臣宛に短い打電を送り報告している。

「とりあえず、李爐己を賭博犯にて極秘裏に収容中」（第一六号・至急極秘）

李は、過去にも賭博罪で収監されている。明治二十七（一八九四）年十二月六日に生まれ、故郷・台湾で教師として働いていた大正七（一九一八）年八月、賭博罪で罰金刑を受け、教師の職を失っているのである。

別件逮捕に踏み切った捜査は難航した。

共犯者として容疑がかかり、博愛会医院に入院していた黄も、李の逮捕の数時間後、総領事館に連行された。黄につき添っていた、王春旗という男も同時に連行され、李との関係、事件の関与について取り調べが行われた。

二人とも、事件への関与を否定し、口を閉ざした。

しかし、捜査陣は、黄が負った傷（銃創）が水戸参雄の負った傷と似ていて、同じピストルによるものである可能性が高いことから、事件に関与している重要な人物であることは間違いないと考えていた。

一方、海軍は早い段階で事件の真相を把握していたと思われる。

李が逮捕されるよりも三日前、事件発生から間もない一月五日二十三時半の段階で、台湾軍の指揮下にある馬公要港部司令官は海軍次官・軍令部次官に次のように報告している。

「殺人および放火事件の原因は、反日にありとも云い、あるいは陰謀的計画にありとも云い、真相はいまだに判明していないが、後者ではないかと認められる点あり」（機密第一九番電其の一、二）

この時点で海軍がどのような情報を握っていたのか、今となっては不明である。ただ、慎重に言葉を選びながらも、事件の背後にある「陰謀的計画」の存在を海軍の最高幹部たちに伝えていたのである。

李の逮捕後も広がる不穏な空気

李が逮捕されても福州に広がっていた日中衝突の不穏な空気は拭いさることができなかった。

事件発生以降、日本からの強い申し入れもあって、中国側は外国人居留区での警備を強化していた。それにも関わらず事件が相次いだのである。

まずは一月九日の夜。

日本人が居住している地区からは、川の対岸にある馬路と呼ばれる地区で大規模な火災が発生した。百二十戸が延焼したこの火災に、日本人コミュニティは怯えた。

さらに、一月十日午後三時。

中国人が経営する質屋が白昼堂々と暴徒によって襲われるという事件が発生する。

犯行グループは、十数人、拳銃を手にしていた。質屋の出入り口を封鎖して、質屋の経営者を脅迫したのだった。

住民からの通報を受け、中国側の軍が現場に駆けつけ銃撃戦となった。中国軍は、犯行グループのうち二名を射殺し、五人を逮捕した。

しかし、犯行グループのうち数人が現場から逃走。そのうちの一人が、福建省政府主席である楊樹荘の自宅前に立っていた護衛兵を射殺したのである。楊樹荘は、国民党・蒋介石と関わりが深く、福建省政府主席でありながら海軍部長も務めていた要人であった。

中国軍は、犯人を追跡し射殺することで騒動は何とか終結した。

しかし、福建省政府の要人である楊樹荘の護衛兵が射殺されたこの事件は、日本人コミュニティにも衝撃を与えた。田村総領事は東京の外務省に次のように報告している。

「両事件は、ともに直接日本人居留民には関係がないが、水戸事件の発生以来、不安におびえている居留邦人の神経を一層尖らせている」（第二六号・一月十一日発）

驚愕の供述

逮捕された李は、絶食という意表を突いた行動にでた。

「警察官などの取り調べには到底応じないであろう」と『顚末書』にはある。

領事館は食事の準備は欠かすことなく続け、李の興奮状態が収まるのを待った。『顚末書』によれば、「その後、気分は漸次落ち着いていき、食事をする」ようになったと記されている。

そして一月十一日、李の自宅を調べたところ、犯行に使用されたとみられる刃物が見つかった。刃物には血痕が付着していた。

さらに、現場で見つかった紙で作られた鞘は、その刃物がすっぽり収まる大きさだった。

李が事件に関わっている疑いは一気に濃厚となった。

田村総領事は、ただちに東京の外務省に報告している。

「李爐己への家宅捜索の結果、凶行に使用したのと同様の菱形凶器に血痕が付着し、かつ現場に捨てられていたボール紙の鞘に一致するものを発見した」（第二五号・極秘）

田村総領事は、この打電で住民への聞き込みから重要な情報が入ったとも報告している。

「凶行に用いられた拳銃は、在留一邦人から犯人である洪進玉に売り渡されたものであることを突き止めた」（第二五号・極秘）

犯行に使われた凶器の発見は決定的だった。

一月十二日深夜、田村総領事は、人を遠ざけ一人収監された李と対面した。記録にはないが、田村総領事は、李に対して捜査の情報はすべて伝え、もはや言い逃れはできない状況にあることを悟らせたはずだ。

李はこう切り出した。

「既に私の一身を君国に奉じ、新付の民として国策のために身を捧げたる以上、私が口を開けば陸軍の関係者などに累を及ぼすことになります。罪を一身に引き受けて自らを処決したいと考えています」（第三二号の一・一月十三日）

その後は、同じような言葉を繰り返すだけだった。

田村総領事は、何度も李に語りかけ、真実を話すよう説得した。その努力を、田村総領事は「百方説諭」と東京に報告している。

田村総領事は、李に向かってこう語りかけた。

「江南の席上で否認したとしても、本官（田村）は平素から温情をかけていたではないか。その本官、田村個人には一切を告白すべきではないか」（第三一号の一・一月十三日）

　留置場で、二人きりで向き合った田村と李。ついに、李が折れて真実を話し始めた。李は、まず「今回の事件について、田村総領事に対して心労をかけてしまった」と詫びたと記されている（『顛末書』）。

　事件への関与を認めた後、李は続けて、事件に至った経緯を供述し始めたのである。それは、驚きの内容であった。

「去年十月の初め頃、台湾軍司令部の浅井大尉が福州に出張にきた際、大尉から連絡があり、私に対して、『憂国の士と見込んでいるから、李爐己の手によって福州に於いて何か一大事を起こし、治安を混乱に陥れることをもって、日本軍福州派遣の口実としたい』と頼まれたのです」

　事件の発端は、台湾にいる日本軍の大尉にあったというのである。

李の告白①　浅井大尉との出会い

「田村総領事貴下　極秘
拝啓　前信ご憤慨を買った数点、お詫び申し上げます。御諭に従い清き裁きを受け申し上げます。国策の犠牲になった事を光栄と存じ、亡き窓友に殉ずることは、私の当然の帰結と覚悟いたします」

事件に至る経緯を、李爐己が詳細に語った『供述書』は、このように始まる。

調書が作成されたのは、逮捕から十日後の一月十八日。全部で五十頁に及ぶその内容は、一つの事件が実行に移されていく過程が加害者本人の視点から極めて生々しく語られているだけでなく、当時の日本とその統治下にある台湾との関係を知ることができる貴重な資料だ。

冒頭で、李は事件を引き起こした原因について、「遠因」と「近因」と二つある、と述べている。

「遠因」とは、自らが天下国家を論じ、それに身を捧げようとしたことだったと李は分析している。内政で混乱する福建省を自分の手で「料理」したいと考えていたことが「出発点」であったと李は語っている。そして、それが台湾の宗主国・日本に役立ち「忠報国の天賦」にもつながると確信していたのだ。

一方、事件の「近因」について、李は「浅井大尉の来訪」だったと言う。

浅井大尉が李のもとを初めて訪れたのは、昭和六年十月五日頃だった。

その数日前から、浅井大尉は料亭・常盤亭から李に電話をしては、「会いたい」と言ってきていた。李は浅井大尉に面識がなかった上に、李の妻は妊娠していた。李にとって次男が生まれる直前だったのである。

電話が留守中だったため、その後、李が放置していると、自宅に一人の日本人が訪ねてきた。男は山口辰郎と名乗り、浅井大尉の遣いでやってきたという。

李は山口に従い、常盤亭を訪れ、浅井と面会をした。

浅井は「お留守ばかりで、なかなかお目にかかれず困りました」と言いながら、「浅井敏夫」と書かれた名刺を差し出した。

「私は台湾軍司令部に所属しています。君に会うために、やってきたのです。福州で発行されている新聞は何度も拝見しています」

浅井は李がどのような仕事をしているか、十分下調べをした上で、面会を申し込んできたのだ。これが水戸夫妻殺害という悲惨な事件に至る第一歩だった。

李の告白②　「領事館を襲え」

李は、浅井大尉に面会した後、一旦、自宅に帰り、再び常盤亭に戻っている。というのも、この面会の直前に次男が生まれたばかりだった。

李が常盤亭に戻った直後、二人の間でしばらく沈黙が続いた。そして、浅井大尉は「この福建を何とかしようではないか」と切り出したのだった。

「それは何の事を意味するんですか」

「取るか、かきまぜるかよ」

事前に李について調査してきた浅井は、李が憂国の士として、一家言を有していることを見抜いていた。案の定、李は、浅井の言葉に乗ってしまう。

「やりようによっては出来ぬ事でもないが、しかし、貴下だけの考えなのか。それとも、廟議が定まったのか。実は、私は、満洲事件を有利に導くため、南支とくにこの対岸あたりは、皆、犠牲に供されるのではないかと悲観しています。今度の船便にて、手紙を出して、台湾の閣下連中から、紹介状などをもらって満洲へ行きたいくらいですよ」

直前に起きた満洲事変を受けて、李は、日本政府は満洲の権益確保を優先するために、中国南部にある福建省などの権益を手放したりするのではないか、と恐れていた。そして、満洲に渡って、一旗揚げようと考えていたのである。

これに対して浅井は、李に福州で活動してはどうかと勧誘する。

「満洲行きをやめよ。ここの問題が面白いよ。もちろん、廟議だとも言えるよ。司令官閣下も、参謀長閣下も、我々一同も、皆その意識でいるよ。ただ、万が一に備えるために、事が破れたら私が全責任を負うからね」

浅井は、この年（昭和六年）に台湾軍のトップに就任していた真崎甚三郎《まさきじんざぶろう》・台湾軍司令官や小杉武司・台湾軍参謀長の名前を出し、自分は台湾軍全体の意向を受けて、李に面会するために福州を訪れたとした。

そして、日本の福州総領事館を襲え、と言ったのである。決行の日取りは、五日後の十月十日。中華民国が建国されるきっかけ（辛亥革命）である武昌《ぶしょう》蜂起が起きた日にあたり、大橋開通も重なり、相当の人出が予想される中で「テロ」を行えというのだ。

「領事館？　そしたら、前もって予告するのですか？」

「そんな馬鹿をしてはいけない。知らせては駄目ではないか」

「では、しばらく考えさせてください。ちょうど、今さっき、赤ん坊が生まれたばかりで、後片づけができてから、私から伺います」

李の告白③　金銭を巡るやり取り

李は「しばらく考えさせてください」と言ったものの、基本的には浅井の依頼を前向きに受け止めていたようである。李は浅井大尉の滞在先を聞き出し、次にどのように会えばよいかを尋ねている。

「昼頃にお伺いします。昼飯でも一緒に」

「午後約束があるので、午前中はいかが」

「出来るだけ早くお伺いいたします」

席を立とうとした李を、浅井は引き留め、金を渡そうとした。

「失礼ですが、旅先のため、四十円だけ置いていくから、有用に使ってください」

台湾からやってきたため、高額の金を持ち合わせていないと言う浅井が提示した四十円は、どれほどの金額だったのだろうか。

岩瀬彰の『「月給百円」サラリーマン』によれば、当時の東京の家賃は平均で十数円。六畳一間と四畳一間が借りられる程度だったようだ。三十～四十円程度出せば、一戸建てを借りることができたという。単純な比較は難しいが、当時の四十円は十五万円から二十万円ほどの価値があったのではないかと考えられる。

この四十円を巡って、二人は押し問答を繰り広げる。

「それは頂戴できませんね。何も仕事をしていないのに……。それに私は、今、金にあまり不自由していませんから、どうぞ御旅費に」

「金は少ないけれど、君が有用に使ってくれれば、結構なんだから……」

「でも、名目が立ちませんし、多寡によってのことではありません」

あくまで断ろうとする李に、浅井は何度も食い下がる。

これらの会話は、李の『供述書』に記された会話を現代の口語に書き換えているが、浅井はこの日は非常に丁寧な言葉で李に接しているのが見て取れる。

「名目はどうにでもつくではないか。原稿料に使えば立たぬということはないでしょう。

あるいは使う必要があったら、とにかく有用に使ってくれ」

「では預かることにいたしましょうか。使わなかったらお返しすることを約束します」

浅井の粘り強さに押し切られ、ついに李は四十円を受け取る。この時、事件に向けた第一歩が踏み出されたのである。

李は再会を約して、常盤亭を後にした。

なぜ李が選ばれたのか

浅井敏夫大尉は、なぜ李を選んだのか。

中村孝志は、事件が起きる十年ほど前に、李が日本の「諜報員ないしは工作員」になっていた可能性を指摘している（中村１９８２）。

ことの始まりは、大正七年、教師をしていた李が賭博罪で逮捕された時に遡る。職を失った李は、台湾から密航で中国大陸へ渡り、「李路物」という偽名を使って、日本人が経営する日華公論社で働いていた。そして大正九年、故郷の台湾に戻り、今度は台湾の正規旅券を申請し、再び天津に戻ろうとした。

この時、台湾総督府の長官代理・高田元治郎は、すでに密航の経歴がある李に正規旅券を発行すべきか逡巡したが、最終的には発行を認める。台湾総督府は天津領事館に「本人の行動を充分注意してもらいたい」と打電し、東京の外務省にもその旨報告している。台湾の一私人の旅券発行にしては、かなり大げさな対応である。

中村は、この経緯を詳細に調べた上で、「李が改めて正式に旅券を下附されたことにはなんらかの裏があるらしく、この時期に彼が日本側の諜報員ないし工作員になったことを感じさせる」と記している。

李はその後、天津でトラブルを起こして天津の総領事館から在留禁止の処分を受けて、福州に流れてくる。福州では、閩報の記者として仕事をしながら、中国側の反政府分子である政客や軍人たちと交流をするようになった。大言壮語を口にし、国家の未来を語り、自らその行く末に関与していると口にするようになっていた。

やがて李は、閩報の仕事をやめ、無職となる。その中でも、中国側反政府分子との交流は続き、密談と称して会食を重ねるなど、身分不相応の生活をしていた。

妻は台湾総督府から派遣された東瀛学校で教員をしていたが、二人の給料ではとても想像できないような生活だった。その元手について田村総領事は「台湾人の無頼漢を手懐け、台湾人が経営する阿片窟から巻き上げて、支那側とも渡りをつけていた」と東京に報告している（第二三号・極秘）。

反政府分子とみられていた李だが、一方で、省政府側の人間——すでに登場している政府委員・林知淵や探偵隊長・王世基といった省政府の要職にある人物たちと会食を重ね交流をしていたのである。会合の場所は、またしても日本人が経営する料亭・常盤亭。無職の身で行けるような店ではなかったが、事件の前後に数回足を運んでいた。

李が諜報員や工作員だったのか、現在残る資料からは最早確かめようがないが、日・中・台の様々な勢力の間を渡り歩く、「政治ゴロ」だったと中村は指摘している。

李と浅井大尉の蜜月

常盤亭を後にした李が、まず行ったのは、浅井の身元を確かめることだった。

名刺を受け取ったが、本物かはわからない。台湾軍の意向を受けて福州にやってきたと言ってはいるが、本当なのだろうか。李は、思いつくところ方々に電話をかけて、台湾軍に浅井という大尉がいるか問い合わせた。

その結果、「軍部でも相当な椅子に居ることが想像された」と供述している。

そして、李は約束通りに、午前十一時五十分頃、浅井が滞在している東来閣を訪れた。浅井は東来閣の二階広間で他の客と食事をしていたため、その間、李は新聞を読みながら待つことになった。

浅井が昼食を終えると、二人は向き合った。この場には、李が働く閩報館の館長も同席していたようである。

李は、領事館を襲うことはできないと浅井に伝えた。

「十日（五日後の十月十日）の領事館襲撃は出来ません。他の仕事なら考えてもみますが、第一、私は今、ここに信用できる壮士がいません。いますぐに仕事をせよ、と言われたら、出来ないのでお断りするほかないのです」

その上で、もし時間的な余裕を与えてもらったとしても、「仕事の性質上」、相当な研究をする必要がある、と浅井に言った。李は犬死という言葉を使って、失敗して自分が死ぬのはよいが、「国際紛糾を起こして我が国を不利に陥れては面目がない」と考えていたのだ。さらに、李は子供五人、妻、老人二人（筆者注：両親と思われる）と同居していることを明かし、妻は働いているが、もし自分が死ねば、家族は一家の大黒柱を失い路頭に迷うおそれがあると訴えた。

襲撃はできないという李に対して、浅井がどのような話をしたのかわからないが、その後、李は一転して浅井に対して協力をいとわないと答えている。

「私に仰せつけてきた事に対しては、感激いたします。死して、本当の国際遂行のためなら恨みはないばかりではなく、光栄の至りであります。是非何かせよ、と言われるならば、お供していただいて、明朝の船で一度帰台しましょう。台湾で相談・研究し、手足も揃えましょう」

李のこの決意に対して、浅井は二つ返事で決断する。

「よし、よく分かった。明日一緒に行きましょう。船中、目立つといけないから、一切話を交えない事を約束してくれたまえ。そして、ご家族のことは心配しないでくれ。ちゃんと国家が見届けてあげるよ。一切の相談は司令部でやりますから」

夕食を一緒に摂ろうと誘った李に対して、浅井大尉は今夜は約束があると言って断り、「僕は今小学校へいく約束があるから、そろそろ出掛けることにしよう」と言った。その言葉を受けた李は、自分が雇っていた車に、浅井大尉を乗せて次の約束の場である「小学校へ案内しました」というのだから、二人の蜜月ぶりが伺える。

李の告白④　「台湾軍の準備はできている」

その後、李は浅井との会話を思い起こし、今後自分がどう振る舞えばいいかを考えるための手がかりを探していたようである。

李が思い起こした場面の一つが、昨今の混乱する福州情勢に話題が移っていたときのことだった。李の決心を後押しする言葉が浅井の口から出る。同席していた閩報館長が、浅井に向かってこう尋ねた時だった。

「万が一、ここで事件が起きたら、台湾軍はどうしてくれるのか」

浅井は次のように断言したという。

「すべての準備が出来ているから、すぐ来るよ」

その場に同席していた人たちは、「是非お願いする」と台湾軍の出動に賛同した。

李は、この浅井大尉と閩報館長らのやり取りについて、「私にとっては、決心する好適の参考材料となりました」としている。

自分が福州でことを起こせば、すでに準備を整えている台湾の日本軍が動く。それは自分が名を成す大きなチャンスとなる。忠国の士を自任する人間として、浅井の言う通りに行動するべきだ——そう考えたのである。

翌十月六日の朝、福州を去る李が真っ先に向かったのは、何と田村総領事のもとだった。もともと田村と李は顔見知りだったことはすでに述べた。

訪問の用件は、ここ数日間に台湾と日本との関係について書かれた閩報の記事について話したいというものだった。

朝七時。田村は寝間着姿のまま、急に訪れてきた李を迎えた。李は「総領事さんの寝間着姿をお伺いして」などと供述している。

李は、記事について話した後、「急遽、これから台湾に帰ることになりました」と田村に伝えた。この時、田村がどのように答えたかは、記録が残っていない。

李の告白⑤　新たな協力者、「連絡員」の登場

十月六日朝八時、李と浅井はランチとよばれる原動機つきの小型船に乗って、福州の港を進んでいた。すでに港内に停泊している、盛京丸に乗るためだった。

この小型船で、事件に関わる日本人が新たに一人登場する。

大阪商船福州出張所の井上啓太郎である。井上は、在郷軍人の一人であったとされている。井上が勤務する大阪商船は、南米航路を航行する、ぶえのすあいれす丸・りおでじゃねいろ丸などを擁する船会社だった。戦後、昭和三十九（一九六四）年に三井船舶と合併し、大阪商船三井船舶となり、現在の商船三井に至る。

ランチの上で、今後の連絡手段をどうするか、李と浅井は相談をしていたところ、同乗していた井上に、その仲介役を依頼するのである。李の『供述書』を読むと、おそらく井上は、偶然乗り合わせ、事件に関わっていったようである。

二人からの突然の依頼に井上は驚くが、すぐにこう返事をした。

「他の依頼ならばお断りするはずだが、軍事関係なら、私も在郷軍人だからやろう」

台湾で準備を整え、李が福州に戻った後、浅井と李との間で、どのようにすれば機密を保ちながら連絡を取り合うことができるのか。三人は井上が勤める大阪商船を利用することにした。

まず、浅井から李に向けて発信するときは、郵便を使うのではなく、台北・基隆の大阪商船まで井上あてで送られ（原文「託送」）、そこから李に届けられることになった。

一方、李から浅井に向けて発信するときも、李が書いた手紙を井上に託し、井上はそれを大阪商船の船のポストに入れるか、乗船している信用できる人物に託すかして、台湾まで届けるという手はずになった。

二人の間の連絡手段を決めた頃、ランチの小型船は盛京丸に近づいていた。

そこから李と浅井は他人の振りをして盛京丸に乗船し、目立たないように、船中では一切会話をしなかった。

盛京丸は、翌十月七日朝、台北に近い基隆に到着。浅井は、すぐに下船し司令部に戻ったが、李は「検疫の関係上、八日朝、上陸した」と供述している。

李はその日の午後、教えられた住所をもとに、浅井の自宅を訪ねている。

浅井の自宅は台北市乃木町三丁目にあった。李が訪ねた時、浅井大尉はちょうど外出するところだったため、玄関先で「明朝、司令部で会いましょう」と約束し、辞去している。

李の告白⑥　「早ければ、早いほどよい」

十月九日午前十時頃、李はタクシーに乗って、台湾軍司令部を訪ねた。

応接間に通された李は浅井と向き合った。『供述書』によれば、浅井は大きな声でけしかけたようだ。

「李君、躊躇せずにやりたまえ。天津、上海、福州、厦門などは、皆やるから安心してやりたまえ」

李は感激のあまり、次のように答え涙を流した。

「実は私は嬉しくてたまらないのよ。やるとは、かねがねの宿望だし、しかも私のような不束者にやらせるということは、死しても余りある光栄ですよ」

二人が面会をした応接間は、参謀長室の向かいにあった。少し大きな声で話せば、話の内容が廊下に漏れてしまうような部屋だったが、それにも関わらず、二人は「誰はばかることなく小高い声で」会話をした、と李は『供述書』に記している。

李が『供述書』で、わざわざこのことに触れているのは理由があると推察される。浅井との対話は二人だけの秘密ではなく、台湾軍の誰に聞かれてもよい、台湾軍の意思にもとづく行動であることを伝えたかったのではないだろうか。

一方、この日の浅井は、最初に会った頃の丁寧さは影を潜め、上から見下ろすような言葉が続く。

「どうも台湾人はいかぬ。うまいことを並べて仕事をしやしないからね」

「私を普通一般の台湾人だとみてくれると、より泣きたくなる」

「それなら黙ってやれ」

「何をやるか。こんな事について、経験や訓練を経たわけではないし、大いに指示してもらわなければ、出来やしないよ」

「とにかく、俺の言うとおりにやりさえすればよい。日本の水兵を二、三人やるか、日本在留民を二、三人やるか、その他色々な方法で騒がせたら良い。支那の兵隊が市中を走り回るくらいになれば満点だ」

　この時、浅井大尉から初めて、日本人を殺害してことを起こせ、という言葉が出た。

「わかった。しかし。やった後はどうなるか」

「馬鹿だな、こちら（日本軍）が行くさ。もし、今後アメリカやイギリスと戦さを交えるとすれば、対岸（台湾の対岸＝中国南部）を手に入れなければ困るよ。台湾の防備上、必要な手だよ。まだわからぬか」

　日本人が殺害されれば、中国側に治安維持能力がないという口実から、台湾の日本軍を中国大陸に進出させることが可能になるというのだ。

「わかった、時機は何日頃ですか」

「早ければ早いほどよい。必要がなくなったら止めるよ」

李の視点から書かれた『供述書』だが、浅井がたたみかけるように李を説得している様が、生々しい。

この日の浅井とのやり取りは四ページに渡って詳しく書かれている。事件に浅井が関与しているという事実を、本国に何とか伝えたいという、田村総領事の意思の現れでもあると想像される。

「家族のことを心配するには、及ばぬよ。金の事も心配しないで使え。ただ先にお渡しすることは一寸事情があって出来ぬが、その点を承知の上でやりたまえ。君が国事に斃れ、君の家族を見棄てる日本と思うのか」

この日の会合について、福州総領事館が作成した外交文書『顚末書』は、李は浅井から「軍司令部において、具体的計画を熟議、その指示を受け」たとまとめている。

会合の最後、浅井はせき立てるように李に言葉をかけたという。

「早く（福州に）帰れ、帰るとき、もう一度、会おう。では失敬」

李の告白⑦　「命がけの使命」に奔走する

台湾軍司令部での浅井大尉との面会後、李は準備を進めた。

まず仲間が必要だった。実際に何か行動を起こした後、家族などの面倒を見てもらう支えも必要だった。李は、知り合いや、その知り合いなど「方々を駆け回った」と供述している。

しかし、信頼の置ける仲間がなかなか得られなかった。目的を打ち明け過ぎれば、もし仲間にならなかった時に裏切られ、ことが発覚してしまう可能性がある。

一方で、目的を詳細に打ち明けなければ、相手も心を開いてくれない。

李は、秘密を漏らさないようにする余り、説明に「非常に苦心」したと述べている。

例えば、相手に対し次のように打ち明けていたという。

「私は都合によったら、国事に命がけの使命を果たすかもしれない。万が一、不慮があったら、家族を世話してくれ」

核心には触れない説明であったが、こうした「通り一遍の挨拶しか出来なかった」と、李自身も限界を吐露している。

台湾での準備が進まない中、李は福州に戻って、態勢を整えることを決める。

福州に帰るその日の朝。李は台北郵便局から特別の配達人を使った電報で、浅井に連絡を取った。台湾から福州に戻ることと、仲間を集めてことを企てるには、資金が必要であることを伝えるためだった。

すると、浅井からすぐに連絡があった。

「金策については、先日、お目にかかった節に申したごとく、こちらは事情があって、先に払うことが出来ないから、君の方で先に融通せよ。そのほかは、万事安心したまえ。しっかりやってくれ」

金策についても色よい返事が得られなかったのである。

メドが立たないまま、李は再び船に乗って福州に戻った。

第三章 犯行のすべて

李はなぜ殺害事件を計画したのか

台湾軍からの手紙

浅井大尉からの依頼を受け、「命がけの使命」を果たしたいと、準備に奔走しながら思うように進まなかったという李爐己の『供述書』は、事件の日に向かって続いていく。

福州で李は信頼できる人物を探して回ったが、事情は台湾と変わらなかった。「いざという場合に使える者は、なかなか得られないのを経験して失望した。無為に数週間を過ごしました」と供述している。

そんな李のもとに、台湾軍（原文「軍司令部」）から一通の手紙が届いた。

福建省で反省政府グループを率いる盧興邦と共に反乱を企てよ、というものだった。すでに述べたように、福建省では、反省政府を掲げるグループや「土匪《どひ》集団」（筆者注：いわゆるギャング集団）が存在し、省政府側と小競り合いを繰り返している最中だった。

台湾軍は、福建省の省主席・楊樹荘、保安処長・方声濤、師長・劉和鼎ら省政府の要人たちが不在になった時を見計らって、そうした反政府グループをけしかけて、盧興邦らに

「進出を進め、他の勢力を駆逐して独立すれば、（日本軍が）相当に援助する」と具体的にそそのかしていたのである。

しかも、「時機は速やかなるを要す」との指令だった。

李はさっそく盧興邦に接触を行った。

盧興邦は、日本軍の後ろ盾があれば、決起して省政府を倒すことも可能であると考え、李と手を組むことになった。李は「意を通じ」ることができたと供述している。

ただ、盧興邦は「時機を見よう」と言い、「福州の城内で事を行う際には、慎重に進める必要がある」と李に助言した。それを受けて、李は台湾軍に対して「盧の部隊が進出困難な状態にあることを詳細に報告した」と供述の中で明かしている。計画を遂行するには、まだまだ時間が足りない状況にあると考えていたのだ。

李は浅井に対し、期待に応えるべく努力していることを伝え、指示を仰ぐことにした。

「師長の劉和鼎や省政府の陸戦隊、省防軍、あるいは土匪集団などに対して、誠心誠意、我が根本義に合致する仲間がいないか、探ったり交渉したりしているところである。もし、合致する相手がいれば、便宜上、私の裁量によって、計画を進めることにしてはいかがでしょうか」

日本を後ろ盾に、省政府を倒す！

十一月上旬、悶々と過ごしていた李のもとに一通の手紙が届く。差出人は、福建省で活動する反政府軍の林壽昌だった。

「今夜、各実力団体の代表会議がこの地で開かれます。是非ご臨席の上、ご指南を仰ぎたい」という内容だった。李が日本の支援を受けた閩報などで記事を発表しながら、反省政府の立場にある活動家たちと交流していることを見込んでのものだったのであろう。日本の後ろ盾を求めていたと思われる。

李は、これを好機ととらえ、会合に参加することにした。会場は長楽県壺井郷という地域で省政府の力が及ばない「問題の所」だったと記している。

会合は、午後六時に始まった。集まったのは、反政府を掲げる十二の団体の代表たちだった。記録には、李に手紙を送った林壽昌の他に、林壽国・林靖・厲木恭・張雲光などの名前が残されている。

十二の団体が同盟を結んで、「省政府をへこませる」にはどうしたらよいか。そのための何か良い手立てはないか。彼らは、アドバイスを求めるために李を呼んだのだった。

二時間に渡って続く議論は、李にとって意外な展開となっていく。

李は、「臨時盟主」として十二の団体を束ねる臨時のリーダーを依頼されたのである。

李は「臨時盟主」を引き受けるか、すぐに返答しなかった。ただ、代表たちと「国権国土無喪失」というスローガンで手を組むことに成功した。

満場一致で確認した内容は、次のものである。
一　日本から弾薬十二万発の供給を仰ぎたいが可能か
二　現在の省政府を駆逐して新政府を組織したいが、いかなる程度まで後援支持を与えられるのか
三　成功後は絶対に親日を条件とし、産業開拓は日本の力を借り、あくまで共存共栄に生きること
四　渡江する必要が生じたら、日本軍艦は援護してくれる可能性があるか
日本の後ろ盾を受けながら、省政府を倒すという内容である。李にとって、新たな突破口となる可能性のある動きだった。

議論は午後八時に終わったが、一行はその後も、盛り上がり意気軒昂に練り歩いたよう

である。

省政府の軍隊を武装解除した後、警備が強化されている長楽県内を、李とその一行は、「公用」であると口にしながら、午前二時頃には、海軍査験所前を通過し、午前三時半頃に、李の自宅に到着している。

日本軍による支援の約束

李はすぐに会談の詳細を台湾の浅井大尉に報告した。

李は、前節で挙げた反政府勢力の四つの要望項目について、どのように回答すればいいか、何度もやり取りしたと供述している。日本軍に協力的なグループを味方に引き入れるため、日本軍から最大限の支援を引き出す必要があったのであろう。

そして、日本軍から次の三つの返事を得たと、代表たちに伝えている。
一　弾丸の供給はできる。ただし、我が軍事行動が発動する時に、これを供給する
二　独立の旗を揚げよ
三　治安維持を破壊せよ

李の供述が確かであれば、日本軍は中国南部でことを企て、進出する機会をうかがっていたことになる。ただ、この計画が浅井個人の計画だったのか、台湾軍の総意だったのか、この供述だけでは裏が取れない。

一方、台湾総督府で警務局長などを務めた本山文平は、戦後驚くべき証言を残している。

「（筆者注：李は）台湾軍司令部Y副官より、南支那に出兵の口実を作るため、福州で日本人を殺せ、地位の高い人ほどよろしい、軍艦の艦長でもよろしい、と内命を受けた。李は考えて、病気で余命の少ないと思われる日本人小学校長を殺した」（『私の九十年』）

本山が記しているY副官が誰なのか。当時の台湾軍の資料を見てもわからない。本書で登場した人物では、イニシャルがYなのは馬公要港部司令官の湯地秀生海軍中将だ。しかし、本山が「副官」としている一方で、湯地は当時司令官であり、関係ない可能性がある。なお、本山の証言そのものは、「Y副官」以外の部分で、李の証言などとほぼ一致しており、信憑性は高いものと考えられる。

李の報告に対して反省政府グループの代表たちは、自分たちは日本側に協力するために「最大限の努力をする」と合意した。ただし、日本が「領土について野心がないことを条件とする」というものだった。反政府である点で日本と利害は一致するものの、それを大陸進出の口実にされることを恐れていたのだ。

この頃、李は日本海軍の軽巡洋艦・矢矧《やはぎ》の艦長と面会している。そこで、浅井大尉と進めている謀議について語ったようである。

矢矧は、第一次世界大戦中は南洋諸島占領作戦に従事し、この時期は中国周辺の海域を警備することが主な任務だった。李が面会したと供述しているのは、矢矧の艦長だった岩村清一大佐。昭和六（一九三一）年十二月一日からは軽巡洋艦・阿武隈《あぶくま》の艦長に転じているので、十一月中の面会だったとみられる。

面会場所は、福州にある大和館という料亭で、岩村大佐からの招きだったと李は供述している。李は、十二団体代表との会談の様子や台湾軍からの三つの支援を取りつけたことなどについて報告した。そして、岩村にこう質問した。

「万が一、私のこの仕掛けが発動したら、ここ福州のわが居留民の保護を確実に行えるという成算はありますか」

すると、岩村は口を濁した。

「居留民の保護については、自分の職責なので、すべて遺漏ないよう期しているつもりだが、他の話については聴くことだけしかできない。私には意見がない」

居留民の保護以外の、反政府の謀議や日本軍の関与については知らないと答えたのである。浅井大尉は陸軍の将校であり、海軍の岩村がその謀議を聞かされて、何とも回答しきれなかったのではないかと想像される。

その日、李は田村総領事に呼ばれ、岩村らと福州市内をそぞろ歩きしている。

「その昼は、艦長と連絡将校と私は、総領事に呼ばれてから、阿片窟を見物したり、薩家花園で温泉に入浴したり、林熊祥氏と城内の聚春園で晩餐を共にしたりして戒厳間際の時間に帰宅した」

記述からは、李は田村総領事や日本軍の軍人たちと、かなり打ち解けた関係にあったことがうかがえる。なぜならこの『供述書』は、田村総領事自身が内容を確認し、東京に報告しているからだ。

浅井大尉との暗号通信「病気治った」

李が浅井大尉と最初に面会して、二か月が経とうとしていた昭和六年十二月頃。

「早ければ早いほどよい」という浅井大尉の要望には応えられていなかった。李は現状をどう見るか、問い合わせる手紙を送っていた。

「延び延びになって、時機を失しないでしょうか」

李は、浅井から確実に返信をもらうため、「隠語」（筆者注：暗号の意か）を使って返答してほしいと浅井に伝えている。

例えば、今はことを起こすに適切な時機ではないと判断される場合、「病気治った、帰る必要なし。姉より」という電報をほしいというものだった。当面時機は見送るが一定の期間をおいて実行に移してほしい場合は、「病気治りしも、衰弱甚だし。何日までに帰れ。姉より」。期間をおかずに、直ちに実行して欲しい場合は、「病気危篤。帰れ。姉より」などと決めていた。

そして、浅井大尉から届いた返信は、次のような急を知らせるものだった。

「病気危篤、帰れ。成るべく早く。姉より」

李の『供述書』には「成るべく早く」に強調する点が記されている。浅井大尉は李が決めた隠語（暗号）に、「成るべく早く」という文言を加えてきたのである。

慌てた李は、十二団体の代表会議に李を招聘した林壽昌たちに連絡をとった。

「早速、断行せられたし」

それに対して、十二団体の代表たちからは、「最短期間において福州近傍を攻撃」し、「城内の治安を破壊する」という回答が得られた。

さらに、その回答が寄せられた翌日、代表たちは大まかな計画を伝えてきた。

一　城市を攻撃することで城内を孤立させる

二　劉和鼎・盧興邦・周志群と共に省主席・楊樹荘を駆逐する

そのための具体的な方策を立案するというものだった。

「駄目だよ、ちっとも騒ぎにならない」。浅井大尉の言葉に焦る

計画が進展しようとした時、不安になった李は再び総領事館を訪問した。訪ねた相手は、矢矧の艦長・岩村大佐である。すでに述べたように、李は岩村と一度面会し、浅井大尉からの依頼について話し合っている。

李はいったいなぜ海軍に所属する岩村に相談したのか。中村論文（1982）は、この李の行動を「それにしても彼が優秀な工作員ないしは諜報員であれば、軽々しくことの内容を他人に口外することなどなかったであろう」としている。

李は岩村に対して、その後の浅井とのやり取りや、十二団体との交渉の経緯をすべて打ち明けた。それに対する岩村の答えは、こうだった。

「すぐに田村総領事に相談せよ」

この岩村からの助言に李は逡巡したであろう。田村総領事に打ち明けるべきか。そうすれば、客観的な視点からアドバイスを受けられるに違いない。しかし、一度打ち明ければ、浅井大尉の期待に応え、自分が国のために名を成すことはできなくなる。

「折角だが、田村総領事に止められるのが残念だから、保留して、時機がきたら相談しよう」と決めたと供述している。

そして、十一月二十七日、李は再び台湾に帰った。浅井大尉に指示を仰ぐためだった。

「打合せのため、至急台湾に帰れとの通告があった。そのため〝姉が危篤である〟という偽りの理由で台湾に戻った。そして、時機はまだ遅くない。急ぎ決行せよと言われ、錦州占領の前後、日本に対する反発が高まっている時に中国側の犯行であるかのようにみせかける」（第三三号・極秘）ため、李はしばらく決行のタイミングを探ることにした。

台湾に渡り総督府でまず面会したのは、小林保安課長だった。

台湾総督府の保安課は、いわゆる司法警察を担う部署である。課長の小林とは、小林長彦と推察される。小林長彦は、明治大学専門科法学部を卒業して内務省に勤め、警視庁警視官房文書課長や板橋警察署長などを歴任し、昭和六年七月から台湾総督府保安課長に就任している。この小林との面会について、中村論文（１９８２）は「何の意味か」測れないとしているが、李が台湾総督府とも密接に関係を築いていたことをうかがわせる。

小林との面会の際、李は、福州からのニュースを耳にする。在留民会と閩報館に爆弾が投げ込まれ火事となった、という知らせだった。この火事については詳しくは記されていないが、李の心を強く動かしたことは間違いない。「自分が行動すべきなのに先を越されてしまった」などと李は感じたようだ（一方で、一月十六日付の第三五号・極秘などには、この爆弾事件も浅井大尉の指示のもとで李らが行った犯行である、という記述もある。『供述書』が作成された後に、李が新たに自白した可能性もある）。

爆弾事件発生の知らせを耳にしたとき、「私の頭は強く刺激された」と供述している。李は早速、浅井に連絡を取った。

福州での爆弾騒動のことを話すと、浅井からは意外な答えが返ってきた。

「駄目だよ、ちっとも騒ぎにならないから。人命を犠牲に供するくらいの事をしなければ、駄目だよ」

しかし、李のもとに悪い知らせが届いた。協力をあおいでいた、十二団体の一つの代表である林壽昌と他の団体代表との間で、トラブルが起き、仲違いしてしまったというのだ。原因は、「色情関係」とある。女を巡る諍いで喧嘩別れが起きたのである。

計画が再び頓挫しかかったこの時の心境を、李は次のように供述している。

「望みが薄いことを観念した」

「私の一生の大事業」

この頃、国際社会は満洲事変を起こした日本に対し、厳しい目を向けていた。昭和六年九月十八日に満洲事変が勃発すると、中国が国際連盟に提訴。理事会では日本を除く十三の理事国すべてが一致して、日本に対して期限つきで撤兵することを求めた。そして、十一月下旬、現地で何が起きたのかを調査するため、リットン調査団の派遣を決定。十二月十日には、満洲問題調査委員会が設置された。

一方で、欧米各国は、中国で共産主義が台頭することを恐れていた。ソ連も五カ年計画など計画経済の実行に力を入れており、不干渉の立場をとっていた。

　こうした状況を、李は敏感に察知し、浅井大尉に面会した際、次のように意見している。満洲を巡る国際情勢は緊張しているものの、調査の期間中は、ただちに日本への圧力とならないことから「好転」しており、今ただちに「福州事変を醸す必要はないのではないか」と。

　面会の場所は、再び台湾軍司令部にある応接間。廊下に声が漏れると李が語っていた場所である。李の言葉に対して浅井は声を荒げた。

「君は話ばかりが上手だ。数か月かかって、あればっかしの業績で、よくもやってこられるな。初めの意気衝天はどうしたのだ。やらないならやらないでよい。他の人間にやらせるから」

　李は肩を落として、浅井の言葉を耳にしていたであろう。浅井は、さらに激しい言葉で李を叱咤した。

「君は、危険だと言うけれど、それは俺の知ったことではない。死ぬのが怖いのだろう。弱虫ではないか。国家のために死んで何の不足があるというのか。普通に生きている一般人では得られない機会ではないか」

詰問された李は、その場で涙を流したという。最初に台湾軍司令部で浅井と面会した時にも落涙しており、李は涙もろい人物だったようである。

しばらく涙を流した後、李は浅井に、もっと自分のことをわかってほしいと訴えた。

「お叱りになってごもっともな節もありますが、当たらない点もあります。私はかねがね申し上げている通り、この事業が私の一生の大事業なのです。このためなら、死しても生きていると思えるのです」

そして、決意を述べた。

「死を恐れないから、何の危険を恐れましょうか。要するにこんなに事が延びても、必要なのかと問うまでです。必要となれば、直ちに福州に戻って、私自らが事を起こして見せます」

それまで李は福建省の諸団体と協力をして福州を混乱に陥れる計画だった。しかし、この時、浅井にけしかけられるようにして、たとえ自分一人であっても謀略を実現させると述べたのだった。浅井は顔色一つ変えずにこう答えた。

「よし、黙ってやってくれ。後は引き受けるから。また、こちらから止めない限りは、どんとんと計画を進めてくれ」

この一連のやり取りを、李は「司令部の応接間で怒られた」と述懐している。そして再び福州に戻る日。

李は浅井の自宅を訪ねている。浅井夫人が玄関に現れ、浅井はその日、朝早くの列車に乗って台湾南部へ出張したと答えた。

浅井に面会できなかったことを残念に思いながら、李は、夫人に自分の名刺を手渡した。その際、浅井への伝言として、次のような言葉を名刺の余白に書き記した。

「私は最後のご奉公をいたしますから、後の事はよろしくお願いいたします」

台湾出身の李の、深層にあるものとは

日本の統治下にあった台湾で、李爐己のような台湾出身の人たちは、どのような思いで生きていたのか。

李は明治二十七（一八九四）年に生まれ、昭和六年の事件当時は三十八歳前後だった。李は、台湾総督府が明治三十四年に設立した現地人向けの小学校・公学校の設立初期の生徒と思われる。

当時の教科書を分析した論文によると、日本人と台湾人とを差別するような内容が含まれていた。「例えば長い編み髪で清朝風の台湾式服装を着る台湾人や日本小学校制服を着る子供が共に挿絵に現れ、汚い格好で悪いことをする台湾人の子供に対し、日本人の子供はいつも礼儀正しく真面目な役で登場する」（陳虹彣２００９）

こうした教育の中で、李がどのような内面を築いていったのか。

李より一回り若い明治四十三年生まれで、父親の仕事のため日本から台湾に渡り、台湾一中、台北高校を卒業したある男性は、次のように証言している。少し長くなるが、当時の台湾の人たちの心象風景の一端を知る手がかりとなるため、引用する。

「台湾人の級友たちと心から分かり合えたかというと疑問です。実際、私が総督府の役人になった途端、それまで親しくしていた台湾人の友人が遠く離れていってしまったことがありました。内地人に生まれ育ったというだけの理由で、常に台湾人より上位に居座る差別的な体制に友人は不快感を持ったに違いありません。私は、そうした差別に気づきながらも、自らの居心地の良さに慣らされて、知らず知らずの内に植民地意識が体質化していたのでしょう。いくら内台融和を唱えても、台湾人の学生には、やはり支配されているというような植民地としての民の悲哀を感じていたのかもしれません」（柴２０１１）

一方で、当時台湾でエリート層にあった現地人たちは、日本の統治下という中で、自らのアイデンティティをどう確立するか葛藤しながらも、日本の政策に従う傾向も一部にあったようである。福州水戸事件が起きる直前の昭和四年から十年近く台湾で過ごした柳田節子は次のように記している。

「当時、日本人は小学校へ行ったが、台湾人は公学校へ入れられ、そこで徹底した日本語教育と、天照大神・神武天皇にはじまる皇民化教育をたたき込まれた。台湾語が禁止され、漢文が廃止され、話した生徒は罰を受けた」（「思い出すことなど」『近代日本と植民地月報2』）

日本統治下の台湾に、「公学校」が設立されたのは一八九八年が最初である。そこでは「本島人の子弟に徳教を授けて、もって国民としての性格を養成し、同時に国語にも精通させる」ことが理念として掲げられていた。

台湾出身の子どもたちに対する、逃げ場のない日本語教育の中、「日本に協力しよう」「協力した方がましだ」と考える人たちも少なくなかったであろう。

柳田は自らの体験を元に、こう記している。

「一部の台湾人エリート家族の子弟は、日本人の小学校から、中学・女学校（旧制）へと進んだ。中学校では漢文の授業がある。もちろん『朋有り、遠方より来たる』式の、ひっくり返して読む日本式訓読漢文である。台湾人生徒は、漢文を自国語としてではなく、日本語として読まされる。一〇年間も台湾にいながら、私が中国語を話せないのは、日本が台湾人から母国語を奪った結果である」（同「思い出すことなど」）

日本語を堪能に使い、日本の要人たちと親しく会話する李爐己という存在は、日本の台湾統治の中で生み出されたのである。

共犯者の出現と加速していく実行計画

年が明けた昭和七年一月、李の準備はなかなか進まなかったが、それでも一月二日には自分一人ででも、日本人を襲うなど、何かことを起こそうと考えていた。

その舞台として、福州の日本人（台湾出身を含む）が集まる一月三日の居留民大会を考えていた。大勢が集まる場で凶行に及べば、大問題となるはずだったと李は供述している。

ところが、皮肉なことに、李はその居留民大会を準備する実行委員に選ばれる。

「実行委員に選定された時は、非常に弱りました。何となれば、私はこの機会を利用して大いに断行しようと思っていたからです」

居留民大会の準備をしながら、一方で犯行を実行に移すための計画も立てなければならない。今夜こそ実行しよう、でも仲間はどうすれば見つけられるのか。李は実行委員の会合の最中、考え続けていた。

そして、一月三日。事件当日を迎える。

李は、どう実行すればよいかを考えながら居留民大会の会場に向かった。

この前日には、第一章で述べたように全福州中等学校反日宣伝大会を視察にいった田村総領事や草鹿大佐らが、投石に遭うという騒動が起きている。反日運動の高まりに対して、日本人側も対抗心を燃やしており、居留民大会の会場は熱気に包まれていた。

壇上に登った李は、声を大にして声明文を読み上げた。「悲憤慷慨の声」を叫んだ、と自ら供述している。

演説しながら李は、聴衆の中にいる一人の青年の存在に気づいた。李の演説を聴きながら、感極まったのか、涙を流し続けていたのである。

この青年は志がある。自分の計画に協力してくれるのではないか――。

李は演説を終えると、すぐに青年のもとに駆け寄り、話をしたいと別室に連れて行った。

青年の名は、洪進玉だった。この後に水戸夫妻を惨殺することになる「進吉」である。

李は進吉と二人きりになると、浅井から依頼を受けたことなど、ここまでの苦節を訴え、手伝ってくれないかと依頼したのである。

進吉は、二つ返事で李への協力を約束した。そして、次のように言ったのである。

「自分が信頼できる二、三人の同志と一緒に断行します」

進吉の言葉を受け、李は自分が直接犯行に関わる必要はないと考えたと述べている。

大義のためなら、たとえ家族が犠牲になっても……

遂に仲間が見つかった。李は胸躍り、進吉に次のような二点を伝えたという。

一　今夜を利用して福州の治安を攪乱すること

二　標準として、日本人の二、三人を殺害すること

ターゲットについても、次のように言ったと供述している。

一　国家保障の重きものを選べ

二　九時までにそのチャンスがなかったら、私（李）の家に入り、私の妻子二、三人を

殺してくれ

李は進吉にそう告げると、居留民大会の実行委員として大会の進行を行ったり、日本人と台湾出身者との間の通訳を担ったりしていた。

李は居留民大会が終わった後、進吉が実行委員の他のメンバーなどと共に総領事館に歩いていく中、わざわざ呼び止めて声をかけた。

「準備できるか、大丈夫か。万が一、他に機会がなかったら、是非とも私の家で断行してくれ。決して遠慮してはいけない。国家の大義だと思えば、たとえ家族が犠牲になっても恥ではないから、しっかりと頼む。領事館に戻る必要はない」

家族を犠牲にしてまで、事件を起こし、自らの名をなしたかったのか。

進吉は李の言葉を受けて、領事館には向かわず、街に消えていった。

そして、李自身は何食わぬ顔をして、他のメンバーと共に総領事館に入った。

総領事館で李は、田村総領事そして杉野健次少佐と、領事公室で面会をしている。何を話したのかは定かではないが、『供述書』の中では二人と「会見し種々述べるところ」があったとしている。

ひとしきり話をした後、李は他のメンバーと共に、何事もなかったかのように夕方六時半頃、帰宅した。

夕食をとった李は、家族に次のように言って外出した。

「すぐ帰ってくるから。外の門を早く閉めないでくれ」

進吉という仲間を得たことで安心をしたのか。李は女のもとに足を運ぼうとしていた。

この頃、進吉たちはすでに犯行を実行していた。

絶対極秘の打電「台湾軍将校、関与の可能性」

一月十三日午後、田村総領事は東京に打電し、水戸夫妻殺害事件に台湾軍将校が関わっている可能性があることを伝えている（第三一号・極秘）。

田村総領事は打電で、極秘という印だけでなく、本文にも「李の告白は本官個人に対する申し立てとして部外には絶対極秘とされたし」と記し、「絶対極秘」との念押しもしている。

まず触れられているのは、李が語った浅井大尉との出会いについてである。

「昨年満洲事変勃発の後間もなく、台湾軍司令部・浅井大尉（情報係）が当地に出張した際、李の自宅を訪問して国策遂行上、当地にて我が台湾軍出兵の口実となるような一事件を惹起すべきではないか、との相談を行った。李は、浅井と面識がない中、このような重大な相談に面食らったが、浅井の説明にて軍においては李を見込んでいるということについて深く感動した」

どのように事件を起こせばよいか、李が浅井大尉に何度も確認にしていることについても、田村総領事は東京に詳しく伝えている。

「詳細を打ち合わせるために台湾に帰り、軍司令部にて浅井を訪問したところ、大尉の軍服を身につけており、重要な軍務に参与している様に見受けられた。これまでの相談は、浅井一個人の考えなのか軍司令官・参謀長も承知しているものなのかについて念を押した。すると浅井は、一切は軍の最高軍略より出たものなり。邦人三、四名くらいを殺害し、領事館その他数か所に放火し、支那側が治安維持の能力がないことを暴露して我が軍が出動する口実を作ってくれとの密命を受けた」

「台湾に帰ったところ、事件が小さすぎては何らの反応もない。三四人を惨殺しろと言われた。天津。上海、厦門などで一斉に事件を起こす手はずであると答え、急ぎ福州に帰った」

田村総領事は李の告白を、あくまで自分個人に対する申し立てであると慎重に言葉を選びながら、かなり詳細に伝えている。福州領事館だけは対応できない難しい問題と考えていたのであろう。

李と浅井大尉の間の金銭のやり取りについても伝えられている。

「李は本件陰謀に関して軍司令部より金銭上の報酬は受けていなかった。台湾に帰って打合せたさい、金策に困っていることを打ち明けると、出兵となれば何とでもなると言われ、わずかに四十円を与えられたということである」

ここで田村総領事が「本件陰謀」という言葉を使っていることに注目したい。「個人的申し立て」ではあるが「これは陰謀である」と東京の外務省に伝えていたのである。

さらに一月十四日。東京にあてて田村総領事は、次のように伝えている。

「事件は軍機と称して、浅井より李に授策したものであることは、ほとんど疑う余地がない」

見つからない物的証拠

しかし、浅井大尉の関与については、李の告白だけで物的証拠がなかった。

一月十五日、田村総領事は東京の芳澤外務大臣に、強い口調で「こうした陰謀策動に対するしかるべき対策を打ち出して欲しい」と打電している（第三五号・極秘）。

田村総領事から東京へあてられた電報の多くが、事実関係を伝え、指示を仰ぐ内容が多い中で、この第三五号・極秘からは強い憤りが伝わる（なお、外務大臣は一月十四日づけで、総理大臣兼務の犬養毅から芳澤謙吉に替わっている）。

電報はまず、水戸夫妻殺害事件や官舎への放火だけでなく、前年から相次いでいた爆発物・放火事件が「総て台湾軍司令部の旨を受けたものであると称する李爐己らの所為であることが判明」したと、慎重に言葉を選びながら改めて伝えている。

さらに浅井大尉の関与について、このような事件の数々を「（台湾軍）司令部員が支持するがごときは、誠に危険千万なる次第」であると強く非難している。

そして、李の告白を裏づけるための更なる調査があると田村総領事は訴えた。

李らの「陰謀は、巧みに闇より闇にて行われ、物的証拠に乏しい」。そのため、水戸夫妻殺害の直前に李が台湾の浅井大尉にあてたという電報の所在や中身を、台湾電報局で調べれば、「有力な証拠」となるというのである。

一月二日の「今後に注視してください」という犯行に直接触れた、あの電報である。

この段階で、浅井大尉の関与を示すものは、李の告白だけであった。台湾軍から十分な協力が得られない可能性がある中、物的証拠を押さえて真実に辿り着く必要があると田村総領事は考えていた。そのためには、東京の外務省が事件の真相解明に乗り出す必要があると、その具体的な着手方法も含めて提案したのである。

田村総領事がこのように強く訴えた理由は、同じような陰謀策動が福州で相次ぐことを恐れていたことだった。

さらに、水戸夫妻殺害をきっかけに、台湾軍の中では、「連絡将校を派遣して、出兵に備えるべきだ」という声もあがっていた。仮に、台湾軍が福州へ進出することになれば緊張が高まり、最悪の場合、住民生活に深刻な影響がでることも恐れていた。

そして田村総領事は次のように訴えている。

「この種の陰謀策動について全般的方針としてしかるべき対策を決定の上、李爐己の身柄処分の問題と共に何分の御訓令を仰ぐ」

しかし、この後、田村が求めた台湾電報局の調査が行われたという記録はない。

第四章　真相を知る人たち

浅井大尉――関与を示す証拠の出現

昭和七（一九三二）年一月十九日の午前、福州の田村総領事は東京の外務省に重大な報告をしている。

それまで浅井大尉が事件に関与していることは、李の告白だけが全てで、物的証拠は存在していなかった。それが手に入ったのだ（以下、第三六号・極秘）。

李は浅井大尉との連絡を、大阪商船福州出張所にいる井上啓太郎を通じて行っていたことは、すでに記した通りである。田村総領事を初めとする福州領事館は、このやり取りの実物が入手できれば、浅井大尉の関与を明確に示すことができると考えていた。

当初、李の自宅を家宅捜索しても、「何らの発見もなかった」。

李は、浅井大尉とのやり取りの際は台湾軍司令部の封筒を使用し、「受け取った指令などの書類は、打合せの為、台湾に帰った際に総て焼却した」と自白しており、当然とも言える。

次の一手を探している最中の一月十一日、総領事館にある知らせがもたらされる。

浅井大尉から井上啓太郎気付で、李あての書留郵便が一通、福州に到着したというのである。

ただちに調査が行われ、李あての書留の中身が現金であることが確認された。

水戸夫妻殺害の直前、李は浅井大尉あてに「今後を注視して欲しい」という電報を打っている。このときの電報料は二十六ドルだった。浅井大尉は、この電報料を李に支払うという名目で、台湾銀行で換金できる六十円分の為替券を李に送っていたのである。

為替券には、一通の書状が添付されていた。

そこには「立て替えていた電報料を送る」こと、そして「受領証」のあて先が記されていた。

それは、事件そのものを指示する直接的な内容ではないものの、浅井大尉と李、そして井上との関係性を指し示す物的証拠だった。

田村総領事は、この新事実を東京に伝えるために、次のように打電している。

「要するに、水戸夫妻惨殺および放火事件とは、いずれも怨恨や金銭が目的のものではなく、全て浅井の指嗾に基づいて、李らが国士となった積もりで起こした事件であることは、李の申し立ての通りであると思慮される」

その日の午後、田村総領事は真犯人の扱いについて、東京へ追加で報告している。

「犯人問題に関連して、本件はすこぶる『デリケート』なる取り扱いを要する」（第三七号・極秘扱）

一連の膨大な外交文書でカタカナ英語が登場することはほとんどない。かぎ括弧つきの「デリケート」という言葉は、知ってしまった真相の処理に苦慮する田村総領事の心中を表しているに違いない。


その後一月二十四日には、田村総領事は浅井大尉の関与を「既知の事実」として東京の外務省に伝えている。

「水戸事件は結局、台湾軍司令部の国策遂行と称して浅井大尉が李爐己に命じて事を起こさしめんとせるものにして、元凶はむしろ浅井にあり。共犯または少なくも教唆したるは明白」（第四〇号・極秘・一月二十四日午後発）

実行犯、「進吉」こと洪進玉――明らかになる事件の詳細

実行犯である進吉（洪進玉）が逮捕されたのは、事件から十九日後の一月二十一日だった。

すでに述べたように、進吉は、かつて長期間滞在していたことがある厦門に逃亡しているとみられていたため、福州から領事館警察が派遣され、現地と協力しながらの捜索が続いていた。

鄭巡査が市内を回っている時だった。雑踏の中に進吉を発見、その場で逮捕したのである。捜査の手が迫っていると知らなかったのか、平然と「市街地を通行中」だったという。

進吉は厦門領事館に収監され、福州総領事館で捜査の指揮を執っていた中山署長が、すぐに厦門に派遣されることになった。

尋問は、中山栄署長と厦門領事館の司法領事・竹内副領事の二人がかりで行われることになった。

「李爐己は既に自白し、お前の名前も口にしている。李から指示を受け、水戸夫妻を殺害したのは、お前に違いない」

二人の尋問に対し、頑なに口を閉ざしていた。「最初は頑として自白する模様はなかった」と『顛末書』は記している。

そこで中山署長は、証拠を突きつけた。

李の自宅で見つかった刃物（匾鑽）、それを入れる紙製の鞘、現場付近で見つかった血痕のついたハンカチである。『顚末書』を読み解くと、「すでに証拠は押さえている。しかも、水戸先生は、亡くなる直前、『進吉にやられた』と口にされている。進吉とはお前のことではないか」といった趣旨の尋問が繰り返されていたことがうかがえる。

　中山署長の詰問に対し、進吉は事件当夜について次のような趣旨で告白を始めた。

「一月三日の午後八時ころ、私は小学校の横にある閩報館営業係の芳賀弘毅さんのお宅を訪ねました。その帰り道のことです。中国人の学生風の男たち十数人に突然囲まれて、拳銃を突きつけられたのです。彼らは、私に総領事官舎や警察署長官舎、そして、居留民会の建物に連れて行けと脅迫しました」（『顚末書』）

　そして、自分は事件には関係ないと言った。

「逃げることもできず、私は仕方なく、居留民会の表門のあたりまで彼らを連れて行きました。すると彼らは突然、小学校に乱入していき、何発も拳銃を乱射したのです。私はとても驚いて、その場から逃げ出しました」

　その学生風の男たちの名前や居所について、進吉はまったく知らないと繰り返すばかりだった。

しかし、尋問が始まって一週間以上が過ぎた一月二十九日、ついに告白を始めた。

「一月三日、居留民大会の後でした。李爐己さんから声をかけられ、この際だから、内地人（日本人）の二、三人を殺害せよと言われました。それを機として、台湾から日本軍が派遣されて福州に上陸する。日本が福州を占領することになるのだ。君の行動が国のためになるのだ。国のために働く気はないか、と言われたのです」

李は、「事が成功したならば、相当の賞典があることは勿論である」と伝えたという。それに対して進吉は、「自分も国家の為ならば」と、日本人殺害の実行を決意し、李にその思いを伝えたという。

進吉は犯行の様子について語り始めた。

「その夜、李さんの家で、二人の台湾出身の男と顔を会わせました。二人とも、自分は面識がない人たちでした。その場で拳銃二丁と刃物二丁とを手渡され、これで事を起こせと指示されました」

共犯の二人とは李の自宅で、李の紹介により初めて顔を合わせたため、名前も知らないと言っているのだ。

一方で、李の共犯者を巡る供述は、進吉のそれとは大きく食い違っている。

前章で紹介したように、李は居留民会で進吉と話した際、「仲間二、三人と断行する」と言われ、自分は加わらなくてよいと考えたと『供述書』で述べているのだ。

進吉は、李から共犯者を紹介されたと言い、李は、進吉が共犯者を手配したと言う。どちらが正しいのか不明だが、二人の食い違いが意味するのは、いずれも自分が「共犯者の獲得」に積極的ではなかったと主張しているということだ。

進吉によれば、李の自宅での打合せの後、進吉と二人の男は水戸夫妻が寝起きしている小学校に向かったという。

地の利がある進吉は、凶器を手に先頭に立ち、小学校の敷地に入った。三人それぞれが拳銃や刃物を手にしていた。向かったのは水戸夫妻が暮らす部屋だった。

「水戸先生」

ドアの前で、進吉は顔見知りである水戸参雄を呼んだ。

「洋服の袖裏をお持ちしました」

水戸光子がドアを開けた瞬間だった。

進吉と共にいた男が、刃物で水戸光子を二、三回突き刺し、光子は即死した。そして、進吉は素早く部屋に入り、寝ていた水戸参雄を拳銃で数発撃った。

その時、一発の流れ弾が犯行グループの一人の頬に当たった。さらに、瀕死の状態ながら水戸参雄が家の外へ逃れていったことが犯行グループを驚かせ混乱させた。

慌てた進吉たち三人は、小学校の表門から逃走することとなった。

共犯者――負傷して「金を持ってこい」

殺害現場から逃げ出した三人が、まず向かったのが李の自宅だった。追っ手が迫った場合に備えて、それぞれ別ルートで李の自宅に向かった。

この時、進吉は銃弾で負傷した相棒が、「凹鼻（ナイピース）」というあだ名で呼ばれていることを初めて知ったと供述している。

進吉が李の自宅に辿り着くと、他の二人の姿はなく、李は不在だった。そこで、李にあて、紙きれに次のように書いたと述べている。

「金を持ってこい。黄山茶店」

すでに福州からの「高飛び」を考えていたのであろう。金の受け渡しをするための待ち合わせ場所も、同時に記した。

そして、その紙を血がついたままの凶器の刃物に巻きつけて、李の自宅に投げ込んだのだ。

この凶器が後の捜査で発見されたもので、領事館の調査結果と一致している。

進吉は、その足で郊外にある黄山郷乗合自動車（バス）待合所（『供述書』では「黄山の茶店」）に向かったという。「黄山」と聞くと、安徽省にある世界遺産で断崖絶壁が連なる独特の景観を思い浮かべるが、もしその場所であれば、省の境をまたぐため、現在でも福州から電車で二時間以上かかるほど離れた場所である。進吉が言う「黄山」がどこなのか、この供述だけでは確定できない。

その頃、李は福州市内を行き来していた。

事件当日の夕方、一旦自宅に帰った李が、女の家に行くために出かけたところまでは前章で述べた通りである。その場所は馬路の博愛裏とあり、博愛会医院の近くにある家だと推察される。

李は車に乗って女の家へ向かっていたところ、思わぬ事態に直面する。

女の家の入り口に男（『供述書』では「情夫」）が立っていたのだ。

李は、女が男を連れ込んでいると考えたのだろうか。慌てて乗っていた車で自分の店へ向かうが、そこでまた異変を目にする。

「ちょうど、馬路から下杭街へ道を曲がろうとしたときでした。中央銀行の前に、傷を負った台湾人がいるのを発見しました。すぐに車を降りて、男に話しかけ、そのまま博愛会医院へ連れて行きました」

偶然にも水戸夫妻殺害の実行犯の一人と遭遇するのである。

「(博愛会医院には)当直の黄松官医師がいました。黄医師に特別にお願いをして、入院させてもらいました。正月であるため、看護婦長が寝具がないと言って受け入れを渋りましたが、黄医師の特別な取り扱いで電気がないことを配慮して、寝具もやっと一重持ってきてくれました」(『供述書』)

李は男の治療に積極的に関与し、翌朝まで献身的に看護している。それは同じ台湾出身だったからというのが理由だが、特に見知らぬ男につきっきりとなっていたのである。

李と進吉は、互いに「相手が共犯者を連れてきた」と語り、相反する主張をしているが、この博愛会医院での李の奇妙な献身ぶりから、李の供述に若干の矛盾を感じる。

「どうして水戸先生を」

男を入院させた後、李は黄医師と病院二階の看護婦室で世間話をし、二人で囲碁でも打とうとなった時だった。当直の黄医師に、小林喜久男外科部長から連絡が入った。

「水戸先生が暴漢に狙撃された。手術の用意をしてほしい」

この知らせを耳にした李は、「喫驚《きつきょう》させられた」と供述している。まさか水戸夫妻を襲うなどとは、何も知らなかったというのである。

李は、黄医師や看護婦たちを前に、「それは大変ですね」などと口にし、涙を流してしまったという。

「どうして、水戸先生のような良い方を選んでやったかと恨み半分、惜しみ半分で、暗い気持ちになり、涙を催しました。この時ほど、精神的苦痛を感じたことは、未だかつてありませんでした」（『供述書』）

自分の依頼によって、水戸夫妻が殺害されるとは思ってもいなかったというのである。

この言葉が本心なのかは不明だ。もし本心ならば、この時自らの罪の重さに気づいたことであろう。

事件を知った後、李は一旦博愛会医院を後にして帰宅しようとする。しかし、事件発生によって市内は戒厳状態だった。道路の通行が不可能となり、李は再び博愛会医院に戻り、一晩を過ごさせてもらった。

そこへ、小林外科部長らに見守られて、瀕死の状態の水戸参雄が運ばれてくるのである。

李はいたたまれない気持ちになり、二階の空いている病室に籠もり、一人涙することになったという。

その李の耳に、水戸参雄の最期の様子が聞こえてきた。

「進吉にやられた」と口にした後、指を三本立てて絶命したのだ。

なお『外交文書』では、「シンキチ（進吉）、指三本」が水戸の最期の言葉であり、その「指三本」が何を意味するかまでは、書かれていない。

幼少期を福州で過ごした笹子は、「やったやつは何人だ」と聞かれた瀕死の水戸は、指を二本立てた、と母から聞かされたとある（『中国へのノスタルジア』）。

二本か三本か——この違いはあるが、犯人の人数などを示す水戸のダイイングメッセージであろう。

いずれにせよ、李は自分が進吉に犯行を依頼したことが、水戸の命を奪うことにつながったことを、被害者本人の最期の言葉として聞いたのである。

李は心底から動転したと供述している。この部分は『供述書』の中では、他の部分になく李の心境が詳細に記されている。

「（水戸先生の最期は）私の心を痛めた。水戸先生に一緒についていって死のうか。いや、死ぬまいか。しばらく様子を見てから、優しい窓友についていっても遅くはないだろう。せめて水戸先生の死が犬死にはならないよう、当局はやってくれるだろう。尊き犠牲が何事かの代償を得られるであろう。台湾軍が動き出すであろう。尊き第一人者の犠牲が輝くだろう…などと考え込み、終夜寝ることができませんでした」

しかし、この後、李が取った行動は、こうした悔恨の思いとはかけ離れたものとなっていく。

逃亡計画

博愛会医院を後にした李が自宅に向かったのは、翌四日未明だった。

自宅の敷地に入った李は、異変に気づく。昨夜、家族に「開けておいてくれ」と言い残していた門が、開かないのである。

家の中にいる車夫などを起こそうと門を叩いたりしているうちに、足もとに何か落ちていることに気づいた。

それは、ぼろ紙に包まれた刃物だった。

血がついているその紙には、「カネモテコイ。黄山チャテン」と書かれていた。

「金を持ってこい、黄山の茶店（筆者注：待合室）にいる」というのは、進吉が水戸夫妻を殺害した後、李の自宅に逃れ、中に入れないことに気づき、投げ込んだメッセージだ。

李がそのことに気づいた直後、李の帰りを知った車夫が扉を開けたため、李は慌てて血のついた紙切れを細かくちぎって捨てた。そして、刃物を着物の袖の中に隠し、家へ入った。向かったのは二階にある書斎だった。

一人、書斎にこもった李は、刃物に視線を落とし、自分の行動が水戸先生の死につながったという事実を重く受け止め、様々な思いが去来したと供述している。

「短刀と水戸先生のことを思い合わせて、これで自害して水戸先生にお詫びをしようと覚悟して、自害に備えて、短刀を隠しておくことにした」（『供述書』）

自害も考えたというが、実際にはその後、書斎を出て何事もなかったかのように家族と共に朝食をとっている。

そして、車夫に四十元を用意させた李は、その金を持って乗合自動車に乗り、進吉が待っている黄山の茶店（筆者注：待合室）へ向かった。進吉に約束の金を渡すためである。

李が黄山へ到着したのは、午前十時頃。進吉が先に着いて待っていた。二人は堅い握手をし、こんな会話を交わしたという。

「ありがとう。わずか四十元だけれど、受け取ってくれ」

「ありがとう。四十元で結構ですよ。失敗してすまない。先生は逃げないと危ないよ」

「私は覚悟しているから逃げない。君だけ安全地帯へ逃げてくれ」

犯行から一夜明けて、逃亡計画について話し合っているのだから、あまりに場当たり的な犯行であったことがうかがえる。

「どんなことがあっても、真相は自白してはならない」

李は、進吉をどこへ逃がせばいいか思案した結果、李の計画に賛同していた盧興邦や厲木恭・張雲光といった反省政府グループのリーダーたちの名前をあげ、「どの部隊へいっても、私の親戚だとして、兵隊なり下士なり土匪になってください」と言った。

　李は、事件をきっかけに日本軍が進出するまで待ってくれ、と伝えた。

「日本軍が福州へ入城したら、軍部に顔を出してください。そうでない限りは、二十年くらい日本の官警の手が届くところへ出てきてはいけない。その後、わたしがこの世に生存していれば、財産は君と共有のものであるから、そう思って訪ねてきてくれ。万が一、私が殺されても、君は落胆してはいけない。支那人だとなりすましてもよい」

　これに対して、進吉は紹介状が必要ではないかと尋ねた。

　李は、自分の紹介であることがわかると、万が一、事件との関係が疑われた場合に危険であり、「私の親戚だといえば歓迎されるよ」と答えた。

　しかし結局、李は自分の提案した反省政府グループへの逃亡という案を撤回する。事件が起きた福州から遠く離れた土地に逃れたほうがよいという判断だった。

　李は進吉にこう話しかけたと供述している。

「今夜の船か、明朝の船に乗って、一刻も早くこの土地を去ってください。私は逃げるわけにはいかない。日本軍がどう出てくるか、わが官警がどう出るか不明だし、もし、水戸先生の死が犬死であったら、私は一切を引き受けてついていく」

そして、李は進吉に対して、今回の謀略について、どんなことがあっても真相を自白してはならないと言った。たとえ中国政府から「沢山の金子をあげるから事実を言ってくれて」と言われても、「日本帝国のため言ってはならない」と。

進吉は二つ返事でわかっていると答えた。供述によれば、李に対して「絶対に自白しない」と誓ったという。

そして李は、こう言って進吉を送り出した。

「しっかり頼むから、お大事に。警察は職務上仕方ないが、内心は国民として立ち返れば、君に対して御礼を言う時もくるよ。これは苦忠という忠義だから、道徳は高いよ」

二人は握手をして別れ、進吉は船に乗り厦門へ向かった。

大望を抱き「僕が橋になる」

自宅に戻った李は、その後、何食わぬ顔で総領事館を訪れている。居留民大会の実行委員として、田村総領事や北上艦長に伝えるべきことがあったからだという。

驚くことに、水戸夫妻の仮葬式にも参列したと記しているが、詳細は語っていない。

浅井大尉にも連絡を取っている。水戸夫妻殺害を巡る一連の経緯を書面にまとめ、それを事件前から取り決めていた手はずで、午後四時半に港から出航するランチ（客船に向かう小型艇）の乗組員に託したのである。

翌一月五日、李は目まぐるしい一日を過ごしている。

午前九時、李の自宅に省政府委員である林知淵が訪ねてきた。取り巻きが多かったからであろうか、その場でのやり取りは特に記されておらず、李は「夜もう一度、ゆっくり会おう」と再会を約束して別れたと思われる。

同日昼、反省政府の十二団体代表に対する働きかけを行った。水戸夫妻殺害という事件が起きた今こそ積極的に発動すべきだと檄を飛ばす「通告」の準備をしたのである。

そして夜八時。常盤亭の三階で林知淵と会った。時局問題を討論しながらも、林は水戸事件について「さぐりがましいこと」を言ってきたという。それに対し、李は次のように答えた。

「林君は私を探偵に使いたいとみえるな。水戸問題なんかは、それぞれ担当の組織が捜査などを専門にやるのが本当でしょう。君、僕たちは大局に立って討論しなければならないのではないか」

この後、李は林たちの活動をいかに支持しているかを打ち明け、昔話に花を咲かせ、大いに飲んだという。李はその様子を次のように供述している。

「(二人は)悦に入り、ついには兄弟の杯を交わし、乾杯にまた乾杯。二人とも酩酊して別れた。翌晩また常盤亭で会う約束をした」

この日の勘定は、三十五元。李がすべて払ったという。

事件三日後の一月六日も、李は慌ただしい日を過ごした。

日本人コミュニティ、台湾コミュニティ、省政府、反省政府などあらゆる方面から集まってくる福州情勢をまとめ、台湾にいる浅井大尉に報告した。『供述書』に明記はされていないが、これも、船便のランチを使った書面のやり取りであろう。

一方、本業である閩報館の仕事もしている。できあがった紙面を印刷して梱包し、翌日の船便に乗せて発送するなどの作業をした。

そして、この日の夜もまた常盤亭で林知淵と会っている。

二人は、昨夜に続いてまず兄弟の杯を交わし、「生死を共にしよう」と誓い合った。その後は、酒を飲みながら福建問題を討論したという。

李の『供述書』には、二人の会話がこと細かに記録されている。

「林兄は、福建をどう処理しようと考えているのか。これまでの方法ではだめだ、ということを理解したのか」

「改善したい気持ちは大いにある。しかし、自分の力が足りないのを、どうしたらよいだろうか」

「絶大な決心と果断力を出し切ることはできるか」

「道があるならば歩もう」

李は、国のために尽くしたいならば、日本に従う道も探るべきだと持ちかける。

「国民党を脱して、ハイカラ外交を棄て、実につき日本に泣きすがる度胸はあるか」

これに対して林は、みな悩まされていると答えている。省政府の中でも、従来のように国民党の傘下にい続けるか、それとも日本に力を借りるか、意見が揺れていたのであろう。

酔った李は、さらに詰め寄る。

「しからば、兄の本意はどのあたりにあるのか」

省政府の意見ではなく、林自身の考えを聞かせろと言うのだ。

「道さえ開かれれば、勇猛邁進しよう」

「よろしい、僕は橋になろう。林兄が渡れ」

「僕も橋になろう。そして、次の人を渡らせよう」

酒に酔い話がどんどん膨らんでいく様子がうかがえる。

その後、林は話題を変え、日本人コミュニティと李の関係について話し始めた。

『供述書』のこの辺りの内容は、事件とは直接関係がなく、文脈上は唐突に登場している。内容からすると、李が聴取を行っている田村総領事に対して、感謝や謝罪の意を込めて語ったのではないかと推察される。

「君は起草委員だとか実行委員だとか振りかざしているようだが、田村総領事をよろしく頼むよ。あんなよい領事は滅多にいないからね」

「冗談おっしゃい。僕は個人的に非常に恩恵を受けているから、安心したまえ。今夜は酩酊しよう。大いに飲もう」

そして二人は、「豪飲また豪飲」したという。

こうした常盤亭での豪飲と福建問題を巡る大言壮語が、その場に居合わせた人たちを通じて田村総領事らの耳に入り、その後、事件に何らかの関わりがあるのではないかと怪しまれたのである。

この日の会計は、林が払ったという。金額は五十元であった。

二人は、二日後の一月八日夜に再び会することを約束し、午前一時頃に帰路についた。

李、田村総領事と面会する

常盤亭で林と豪飲した翌日の一月七日朝。

李は、反省政府グループの十二団体の代表あてに、メッセージを送った。今すぐ行動を起こすことになったら、どれくらいの部隊を動かせるのか、と。

浅井大尉の依頼を受けて、水戸夫妻を殺害してから四日が経っており、日本軍が動いた時に反省政府グループが動けるかどうか探っていたのである。

「明日八日の午後六時までに、私の家に情報を提出するように」という趣旨を伝え、李は期限を切った。

その一方で、李は、自分が省政府ともパイプがあることを、十二団体に伝えていた。林と兄弟の杯を交わし、豪飲する仲であることを反省政府側にアピールしたのだ。

「彼らは、政府とは犬猿の間で、実際問題の相談はできる人がいないのが普通である」として、その代わりに、「現政府に相談しうる私の立場を明かした」と李は供述している。午後三時には、台湾出身者の民会実行委員として、他の委員と共に田村総領事を訪ねている。用件は、水戸夫妻殺害事件のその後の捜査状況を聞くことだった。

この時点で、すでに李が博愛会医院に負傷した男を運び込むなど疑わしい行動をしていることが明らかになっており、李の名前は捜査線上に上がっていた。

それでも、李は捜査の指揮を執る田村総領事と平然と面会をしているのだ。

一月七日の夜、再び常盤亭である。

公安局長に就任した巖漢民や保安所の王世基と三人で「交歓宴」を持ったのだ。

李は、省政府の幹部たちと太いパイプを持っていることを、ここで改めて雄弁に語っている。

そして、翌八日の夜六時に常盤亭で再会し、巖漢民に李の知り合いである台湾出身の有力者を何人か紹介することを約束した。この日も大いに盛り上がり、三人が家路についたのは午前二時頃だったという。

そして一月八日、李は逮捕された。

この日の昼、李は総領事館で馬公要港部司令官の湯地秀生海軍中将と会見するため、実行委員のメンバーと集まり民会へ顔を出している。これは李が台湾や中国南部の海軍を指揮する馬公要港部司令官と深い関係があったことをうかがわせる重要なエピソードだ。湯地司令官が冒頭に挨拶した後、李は省政府の動き、反省政府勢力の動きなど、昨今の福州周辺の情勢を語った。

その情勢報告をしている最中だった。警察から、李を呼んでいるという知らせが入った。李は途中退席し、ただちに警察へ向かった。そして、三、四時間の尋問を受けた後、賭博容疑で逮捕・収監されるのである。

「日本人」が標的だったという悲劇

李の逮捕や進吉の供述によって明らかになってきた事件の詳細は、福州の日本人コミュニティにも漏れ伝わっていた。そして、「自分たちも標的になっていたかもしれない」という恐怖を抱くようになっていった。

日本人学校で水戸参雄の同僚として教師を務めていた萩屋徳子が、戦後、事件について朝日新聞の取材を受けている（一九八七年八月十五日記事）。

「私が台北から赴任して三ヶ月目でした。事件の翌日、水戸先生の遺体の血をふいたり、棺を包む布地を買いに出かけました。事件現場に飛び込み、睦子さんを救い出したのは学校内に住み、赤ちゃんを産んで間もない幼稚園の川崎歌子さんでした。進吉の証言から私も狙われていたと後で知りゾッとしました」

実行グループの進吉たちが日本人小学校を襲おうとしたとき、そのターゲットは必ずしも水戸夫妻ではなく、「日本人」ということだった。萩屋は当時の日本人コミュニティの空気について貴重な証言をしている。

「福州は排日運動が盛んで、中国人のデモがあるときは学校は休み。ひどいときは停泊中の軍艦に避難しました。事件のことは皆あまり話したがりませんでしたが、日本の軍部が関係しているらしいことは、うすうす知っていました」

萩屋は、軍部の関与について「うすうす知っていた」というのである。

住民たちの不安については、他にも証言者がいる。

水産海洋研究の第一人者で、『イワシと気候変動』（岩波新書）などを残した川崎健は、昭和三年に生まれ、事件当時は福州に在住していた。日本人小学校の敷地内にある教員宿舎に祖父母・父母・子ども三人の七人家族、そして、若い女性教師、中国人のお手伝いも同居していたという。

当時、川崎は四歳前後。福州の不穏な空気を鮮明に覚えていると記している。

「日中関係は悪化し、排日・侮日・抗日感情の高まりの中で、私の家は投石で窓ガラスを割られ、こわい日々であった。そして三十二年一月三日午後八時半に、事件が起きた」(川崎2015)

川崎は、犯行は「中国人二人」によるものだったとしているが、これは伝聞による記憶違いではないかと思われる。

そして、まだ幼かった川崎は生涯忘れられない場面を目にすることになる。

「(犯行グループは)水戸先生に対してもピストルを乱射し、その一発が先生の頭部に命中したが、先生はひるまず、私の家の玄関まで駆けてきて、そこで絶命した。私は当時満四歳直前であったが、その時の先生を見た記憶がある」

戦後、川崎は父親から「自分たちも狙われていた」と聞かされたという。

「後で私の父から聞いた話であるが、最初の標的は私の一家であった。しかし、家族が多かったので、急遽切り替えられたとのことである。危ないところであった。この事件を受けて、福州在住の日本人居留民の婦女子は、駆逐艦に乗せられて台湾に避難し、私もその中にいた」

実行犯グループが逮捕されるも……

李の逮捕に続いて、進吉が供述を始めたことで、水戸夫妻を殺害した実行グループの全貌が明らかになった。

事件当夜に、博愛会医院に運ばれた負傷者とその付き添いの台湾人は、すでに疑わしい人物として領事館に留置されていたが、実際に進吉と共に水戸夫妻の殺害に関わったことが明らかになったのである。そして、二人の本名も判明した。

厦門で進吉の取り調べを行っていた中山警部は、ただちに福州総領事館に電報を打った。

「留置中の二人は、共犯者である。引き続き（李を）留め置き取り調べを行う必要ある」

そして、中山警部は福州に帰ると、竹内副領事や水元司法書記生と共に、関係者の証言を集めていった。『顛末書』には、証人として聞き取りを行った人物の名前が一部列挙されている。幅広く捜査を行ったことを知る貴重な資料なので、ここに記しておく。

黄天賜（負傷して博愛会医院に運ばれていた人物）
王春旗（黄天賜に付き添っていた人物）
李爐己（犯行を進吉こと洪進玉らに指示）
小林義雄（博愛会医院長）
小林喜久男（博愛会医院外科部長）
黄松官（博愛会医院医師）
高橋シゲ（博愛会医院看護婦長）
浦杤清太郎（博愛会医院賄い）
川崎登（福州日本人小学校教師）
井上啓太郎（大阪商船社員）
山口日郎（浅井大尉が福州に来た際の宿・李との会見場所の家族）
大畑重雄（台湾公会書記）
天田盛三郎（進吉こと洪進玉の元雇い主）
高橋仙吉（日本人居留民会書記）
佛坂正吉（事件当時に居留民会に居合わせた日本人）

浅井大尉を初めとする台湾軍司令部以外は、ほぼ捜査していることがうかがえる。多くの関係者への尋問に加え、その証言にもとづいた現場検証も行った総領事館は『顚末書』で一連の捜査の結論を次のようにまとめ、東京にある外務省へ報告を行った。

「本件犯行は、台湾軍情報係・浅井大尉の教唆をもって原因とし、李爐己は洪進玉を教唆した。黄天賜・王春旗（共に台湾人）両名は、洪進玉の依頼を受けて、李爐己と会見した。そして、本件犯行に加担するに至れるものなり」

ところが、この後、事件は思わぬ展開を見せていく。

第五章　隠蔽と暗躍

謀略は中国各地で組織的に行われた？

福州水戸事件は、中国各地で行われた陸軍による謀略の一つだったのではないのか――。

筑波大学名誉教授・臼井勝美はそう指摘している。

臼井は外務省出身で、外交史の一級資料である『日本外交年表竝主要文書』の編纂委員も務めた歴史学者である。

「浅井大尉は、一月に錦州を日本が占領するので、それと前後して事をおこせと（筆者注：李に）指示を与えているわけですね。浅井大尉と満洲にいる片倉大尉とは、たしか陸士で同期なんですね。想像をたくましゅうすれば、同じような指示が、上海、福州というようなところに日本の軍艦がいて、しかもいつでも上陸できるような態勢にあるところに与えられて、計画的に事件が起こされたのかという考え方ができます」（『日本軍部の中国認識』）

臼井が名前を挙げている「片倉大尉」とは、昭和七（一九三二）年一月当時、満洲にある関東軍参謀だった片倉衷《かたくらただし》のことである。片倉は関東軍が始めた満洲事変で重要な役割を果たし、臼井が指摘するように陸軍士官学校の三十一期生で、浅井敏夫と同期である。そして「上海」としているのは、福州水戸事件が起きた同じ昭和七年一月に上海で起きた、日本人僧侶襲撃事件のことだ。この事件も陸軍軍人が現地の日本人に危害を加えて進軍の口実を作り出すという「自作自演」の事件であった。

つまり、臼井は、想像をたくましくすれば、満洲事変が大きな要因となり、上海と福州で「計画的に事件が起こされた」可能性もあると指摘しているのだ。『日本軍部の中国認識』で臼井と対談した歴史家・萩原延寿は、臼井の指摘に対して「一種の連携プレーみたいなのが、できているわけですね」と同調している。

さらに、臼井が指摘する浅井と片倉は陸軍士官学校同期というだけでなく、別のつながりもある。後に詳しく述べるが、福州水戸事件の首謀者である李が、事件後すぐに満洲方面に渡り、奉天特務機関の傘下に入っているのだ。特務機関とは、謀略・宣撫工作などを行う日本軍の軍事組織で、奉天特務機関は、大正九（一九二〇）年に設置され主に中国東北部を担っていた。李がその組織の指揮下に入ったというのだ。

ここではまず、福州水戸事件の引き金となったと指摘された満洲事変、そして上海での日本人僧侶襲撃事件について詳しく見ていきたい。

福州水戸事件から遡ること四か月、昭和六年九月に日本軍が満洲に攻め入る満洲事変が勃発する。その発端は、柳条湖事件といわれる関東軍による謀略だった。

昭和六年九月十八日夜、満洲の奉天近郊にある柳条湖付近で、南満洲鉄道の線路が爆破された。レールの破損はそれほど大きくはなく、爆破の後に急行列車が通過しているが脱線することもなかった。

爆破直後、関東軍は「中国軍の犯行である」との発表を行う。

川島正独立守備隊第二大隊第三中隊長から、爆破の知らせを受けた関東軍高級参謀・板垣征四郎は、中国軍への報復として、独断で奉天市街北部にある中国の兵舎・北大営や奉天城などの攻撃を命じた。そして、翌九月十九日早朝、関東軍は北大営と奉天城にいた中国軍を徹底に追い込み、占領を果たした。

これが満洲事変の始まりとなる柳条湖事件である。

当時の日本国民のほとんどは、この爆破事件を中国軍の犯行と理解していたが、戦後、関東軍の一部が自ら行っていた謀略であることが明らかになった。

首謀者は関東軍・板垣高級参謀、石原莞爾作戦主任参謀、そして、実行部隊を率いていたのは、爆破を板垣に知らせた川島正であった。陸軍の軍人による「自作自演」は、福州水戸事件とまったく同じ構図なのである。

満洲事変の真相

この柳条湖事件、もともとは石原莞爾作戦主任参謀の構想によるものとされている。石原は、昭和三年十月に関東軍に赴任、板垣は翌年五月に赴任している。そして、石原は満洲を日本が「領有」すべきであるという「関東軍満蒙領有計画」や「満蒙問題私見」をまとめ、板垣と共に行動に移していった。

この時、関東軍参謀だったのが、片倉衷である。片倉は、昭和五年八月に関東軍参謀付となり、翌年十月からは関東軍参謀となっている。

片倉は板垣、石原らの柳条湖爆破事件の謀略を直接は知らなかったが、石原の思想には大きく影響を受けていたとされる。その後の満洲事変では、東京の陸軍中央と関東軍との間の秘密電報のやり取りをまとめる通信連絡将校としての任務を果たしていた。

この片倉が、浅井敏夫と陸軍士官学校での同期だったのだ。

陸軍士官学校は、「陸士」という略称で知られ、陸軍の将校を養成するための教育機関である。国語や外国語、数学、物理などを学ぶ予科と戦術、戦史などを学ぶ本科の二段階があり、厳しい受験競争を勝ち抜いた若者たちが集い、学力だけでなく身体能力、精神力を競い合う、一種の「純粋培養」が行われていた。

浅井と片倉は、その同期として、苦楽を共にした仲だったのだ。

同期は数百人いるが、その上の陸軍大学校はさらに選抜が進み、同期は五十人程度である。浅井も片倉もこのエリート中のエリートとして陸軍大学校に進んでいる。

浅井は第三十九期（昭和二年）に歩兵中尉で卒業、片倉は、浅井から一期遅れた第四十期（昭和三年）に同じく歩兵中尉で卒業している。

片倉は、自著の中で、陸軍士官学校の同期について言及している。それは福州水戸事件の八か月ほど前、旅順にいる片倉のもとに、同期で参謀本部第一部にいた中村震太郎大尉からの手紙が届いたというエピソードだ。

「私は中村大尉とは陸士卅一期の同期生であり、陸軍大学校もまた同窓の卒業である。その偵察の雄図を承知して、早速、調査班新妻騎兵少佐と連絡し、少佐の既往の経験を基礎として中村への配慮を依頼した」（『戦陣随録』）

つまり、中国での偵察を命じられた片倉が、中村にその関係者を紹介してほしい、そして必要な準備や注意点などを教えてほしいというものだ。片倉が陸士同期のつながりを大切にしていたことがうかがえる。

そうした同期同士のつながりが、福州にいた浅井と満洲にいた片倉の間にもあり、何らかの形で連絡を取り合っていた可能性があるのではないか、と臼井は指摘しているのだ。だが臼井の推理を裏づけるような証拠は見つかっていない。

余談になるが、この柳条湖事件でも、現地にある奉天総領事館は、関東軍との間で真相解明を巡って緊張関係にあった。福州水戸事件と同じ構図なので、短く触れておきたい。

柳条湖事件が起きる二週間ほど前の、九月五日。

幣原喜重郎外務大臣は、奉天総領事館の林久治郎総領事に、関東軍の板垣に不穏な動きがあるという情報がもたらされた、と連絡をしている。それに対して林総領事は、目立った動きはないものの注意は続けるという旨を、返信している。

この時、東京の外務省でも、谷正之アジア局長が陸軍省の小磯国昭軍務局長に、何が起きているのか問い合わせを行っていた。

事件の夜、林総領事は知人の葬儀に出席していた。そのため、関東軍が出動しているという連絡が総領事館に入った時、森島守人領事が代理で奉天特務機関に向かうことになった。

板垣と対峙した森島は、外交的解決を求めたが、板垣は「統帥権に干渉するのか」と威嚇し、言うことを聞かなかった。林はその後も外交的解決を求め続けるが、板垣は断固として聞く耳を持たなかった。

領事館では、事件そのものが関東軍の自作自演である可能性に気づいていた。

林総領事は、領事館にもたらされた様々な情報をもとに、東京の幣原外相に関東軍の「計画的行動」と思われると伝えているのだ。

しかし、その情報は外務省内で埋もれ、公にされることはなかった。そして、日本国内は満洲の領有という報道に沸き立っていくことになる。

上海でも起きていた謀略

臼井が満洲事変に関連して、福州水戸事件と共に「計画的」に行われた可能性があるかもしれないと指摘しているのが、上海の日本人僧侶襲撃事件である。

福州水戸事件の十一日後の一月十八日。

托鉢をしていた日蓮宗の日本人僧侶二人と信徒三人が、中国人数十名に暴行を加えられた。重傷を負った僧侶は病院に運ばれたが、後に二人とも死亡した。

現場は、当時馬玉山路と呼ばれていた場所で、近くには三友実業公司と呼ばれる会社があった。この事件を解き明かす鍵は、この三友実業公司にあるが、詳細は後述する。

当時、朝日新聞の上海特派員だった宮崎世龍は、この事件が日本軍の謀略だとは思わなかったと証言している。

「日本に対する反感が盛り上がってきている時に、中国の町の中を、例の非常に戦闘的な感じを与える太鼓を叩きながら、日本人の坊さんが歩く。ああいうのは中国にありませんからね。（中略）中国人は一種の挑発と受けとったんじゃないかと思います。あのような事態に、ああいうことをやるのは、私は不謹慎だとさえ思いましたね。だから、中国人が怒ってああいうことをやるのは当然だというふうにその当時、私は思っていました」（『証言　私の昭和史Ⅰ』）

日本と中国との緊張は、上海でも高まっていた。

前年の満洲事変勃発直後、反日の市民大会が開かれ、上海抗日救国連合会が結成された。

そこでは、上海にいる日本軍を駆逐して、占領地の回復を求めていくことなどが決議された。

さらに上海抗日救国連合会は、その後、「日貨を買わず、売らず、運ばず、用いず」「原料及び一切の物品を日本人に供給せず」「日本人と共同せず、日本人に雇われず」などの徹底したスローガンを掲げ、反日の攻勢を強めていった。

中国人労働者や学生による反日運動が町中で繰り広げられ、投石事件も勃発。日本人居留民の側も「排日侮日の空気など一掃できるとばかりに」、中国人との「小競り合いを繰り返していた」（半藤２００７）

そうした極度の緊張状態の中で起きた、日本人僧侶襲撃事件だった。

上海総領事は、地元政府に対して厳重な抗議を行い、一月二十八日午後六時までに誠意ある回答がなければ、強い行動も辞さないと通告した。

中国側からの回答は、一月二十八日午後三時十五分にあった。加害者の逮捕処罰や抗日会の即時解散など、日本側の要求を受け入れるものだった。

しかし、この地元政府の態度を知った中国人学生たちが、その態度に憤り、大挙して市役所を襲う事態が発生。中国側工部局が、戒厳令を発布するに至った。

日本は陸戦隊千人に加え、停泊中の軍艦から千七百人を上陸させ、居留民の警備に当たることにしたが、ここで中国側の十九路軍との衝突が発生した。

翌二十九日早朝、日本軍は上海沖にあった水上機母艦・能登呂から、空爆を行う。

こうして、日本人僧侶襲撃事件をきっかけに、国際都市・上海が、戦火に包まれることになり「第一次上海事変」が始まった。

この上海事変の動静は、福州にも伝わっていた。

「市内今の所、一般に平穏なるも上海の情勢険悪なるものあり。当地警備上不便の点あるに鑑み、総領事と協議の結果、取り敢えず、邦人婦女子の引き揚げを断行することとし、本日午後発動せり」（機密第五番電・二月一日）

その翌日から二日間に渡り、福州に居住する女性と子ども五百七十人が台湾に移動した。

しかし、その引き揚げが、さらなる疑心暗鬼を生んでいった。

「邦人婦女子の引き揚げに関し、市民中には日本が何らかの決意の下に為せるにあらずやと危惧の念を抱くものあり」（機密第二六番電・二月十日）

女性や子どもの避難が始まったことは、上海と同じように、日本軍が何らかの動きを見せ、福州でも軍事衝突が起きるのではないか、という不安を住民たちに抱かせていたのだ。

上海事変の真相

戦後になって、上海で起きたこの日本人僧侶襲撃事件は、実は日本陸軍の謀略だったことが明らかになった。

昭和七年当時、上海にいた日本陸軍の田中隆吉少佐が、自らがこの事件の首謀者であることを告白したのだ。田中は上海で中国や各国の動向を情報収集などの任務にあたっていた人物だった。

昭和七年一月十日、関東軍の板垣征四郎参謀から電報が届き、ほぼ同時に、上海にある正金銀行に二万円が送金されたという。

『田中隆吉著作集』によれば、電文には次のような内容が書かれていた。

「貴官におかれて上海における日支間の険悪なる情勢を利用し、上海において日支間に事を起こし世界列強の目を上海に集中させ、満洲国独立の早期実現を容易ならしむべし」

満洲事変を利用して満洲国を建国するため、上海で事件を起こせというのだ。

二万円という金額について、田中自身は戦後次のように語っている。

「今の金にすれば六〇〇万円です。それで私は何とか事を起こそうと――。（中略）是非成功させたいと思いました」（『証言・私の昭和史Ｉ』）

福州水戸事件で、浅井大尉が李に渡した四十円に比べると桁が違う。

この金を元手に田中は、地元の中国人を利用して、日本人を襲撃を企てた。

「まず送金されて来た金の内一万円を資金として彼女（筆者注：川島芳子）に渡し、当時上海に共産党系の三友実業公司というタオル製造工場があったが、その一工員にこの資金を渡し、上海市内において日本人僧侶を襲い事をおこすことを指示した」（『田中隆吉著作集』）

このタオル工場は、実は中国側の共産主義のメンバーが集まっている職場で「排日の根拠地」の一つであったと田中はしている。「それを上手く利用して日蓮宗の托鉢僧を殺せ」と頼んだところ、「それが、果たしてやったです」と田中は証言している。

しかも、田中の作戦は緻密だった。日本人にも報復として暴力を働きかけ、事態に拍車をかけたのである。

「支那義勇軍団と称する日本人の団体に彼女（筆者注：川島）を通じて工作資金を渡し、また当時上海に駐在していた重藤（筆者注：憲文）憲兵大尉に依頼し上海在住青年同志会会員三十名を集め、前記支那義勇軍団と合流させ、日本人僧侶を襲ったグループが勤務して居る三友実業公司を報復措置の意味で襲って同工場を焼失させた」という。

「一人殺されて、ふたりは傷ついたんです。そこで私は、この時こそ事を起こそうと思って、当時、上海に日本人青年同志会というのがあったんですが、それをちょうど上海に来ておった重藤千春という憲兵大尉に指揮させて、その抗日色の強い三友実業公司を襲撃させたんです。そうすれば、必ずや日支間に衝突が起こると、私はそう確信したんです」

こうして田中隆吉らの手によって、第一次上海事変への道は開かれていたのだ。

満洲にいた片倉衷の記録は、上海事変はごく軽くしか触れられておらず、田中隆吉の行動について知っていたかどうかは定かでない。

「上海事件が突発し、二月三日、動員第一日として第九師団が派遣され、次いで第十二師団の混成一旅団の増派を見た。（中略）その波及するところ、予断を許さず、関東軍においては板垣、石原、和知、各参謀と私らは協議（以下略）」（『戦陣随録』）

一方で、臼井は上海での日本人僧侶襲撃事件と福州水戸事件の類似性について次のように述べている。

「本殺人事件（筆者注：福州水戸事件）は日本軍の出兵誘導の謀略であり、上海事変の発端となった田中隆吉少佐の日蓮宗僧侶の殺害事件（一月十八日）と酷似しているのが注目される」（『日本陸軍の中国認識』）

福州総領事館のジレンマ

李を巡るその後の捜査に話を戻す。

李の供述や周辺の証言をもとに、福州総領事館は、「浅井大尉の教唆に基づくものなることは大体確実と認められる」と判断した。

しかし、真実を追究する上で、大きな課題があった。

それは浅井大尉の関与の有無について、自由に捜査を行えないことだった。

「果たして、浅井大尉がどの程度まで台湾軍首脳部の意を体して計画したものだったのかは、不明であった。ただ、全ての計画が浅井大尉個人の思弁によるものだったと信じることもできなかった」（『顛末書』）

総領事館では、事件の審理（予審）をさらに進めることが可能だった。予審とは、当時の刑事訴訟法で定められた手続きで、裁判官が事件を裁判で審理すべきかどうか判断し、証拠の収集や保全を行うためのものだった。

しかし、仮に予審を進めたとしても、浅井大尉の関与について、軍内部の捜査を行うことは困難だった。大日本帝国陸軍においては、軍事警察の任務を憲兵が担っていた。憲兵は陸軍大臣の管轄に属しており、軍内部での犯罪行為の捜査やスパイ行為の内偵・摘発などを行っていた組織だ。その憲兵の協力を得て正当な捜査が行われるか定かではない、と総領事館では考えていたのだ。

捜査を続けられないジレンマを、『顛末書』はこう記している。

「李に対するこれ以上の審理は、軍部との関係を明らかにせずして、到底続行することが不可能である」

さらに、総領事館は中国側に対して、どのような姿勢をとればいいのか、悩んでいた。

当初、総領事館は福建省政府に対して、治安の悪化が事件を招いたとして、賠償金を要求するなど、省政府側に責任があるとして強い態度で臨んでいた。それが、捜査の結果、日本側に非があった可能性が極めて高くなったからだ。

周辺の都市では、事件に「台湾出身の人間が関わっている」という情報が報じられていた。厦門の三浦領事は、東京に対して「福州水戸訓導惨殺事件に関して、当地に於いては何ら之を報道したる者が無かったが、本八日、江声報が暗殺者は既に端緒を得られている。聞くところによれば、右は台湾人の所為によるものである」と報告している（第五号・一月八日）。同様の電報は、同じ八日に汕頭や広東からも東京に送られている（第八号・第二〇号）。

田村総領事たちは、事実を隠して中国側に強硬な態度をとり続けていた。その一方で、その真実が少しずつ巷に漏れ始めている中、どうやって事件を収束させればよいのか、大きな問題に直面していたのである。

中国との交渉

李を拘束した直後の一月十日、省政府の林知淵から田村総領事に対して「極秘に相談したいことがある」と言って面会の申し入れがあった。

そして、同日午後四時、林は水戸夫妻殺害について、おおよそ犯行グループの目星がついてきたと田村総領事に告げた。

林の部下は変装するなどして、福州とその周辺の武装勢力の偵察を行っていた。そして、台湾出身の李爐己が事件に関わっていることを突き止めていたのである。田村総領事は「極秘・第二二号」で林との面会について詳細に東京に報告している。

林は田村総領事と二人きりで向き合うと、こう切り出した。

「私の調べによると、本事件は、当地の独立党・林樹荘の一味が李爐己と謀議して行ったものだ。一騒動を持ち上げて、われわれ省政府を窮地に陥れ、自らの野望を達成するために企てた事件である。下手人として、台湾人を手先にした陰謀事件であることは充分なる確信をもっている」

しかし、どう対処すればよいか悩んでいると林は言った。

「なにぶん一味は相当多数に上る無頼漢の集団であるため、下手に手を出すと、その報復として第二、第三の事件を起こさないとも限らない。省政府としては、この一味を一網打尽にすべく全力を挙げて手配を行っているところである。一両日中にはこれを実行に移したいと考えている」

その上で、林は本題を切り出した。

李の身柄について、「貴館にて既に拘禁中であるという説も耳にしている。それは本当なのか教えて欲しい」という。

林ら中国側はこの時点で、李の事件への関与も李が日本領事館に収容されていることも把握していたのだ。この事件は日本側にも責任があるのではないか、と。

これに対して田村総領事は、日本側もそうした「相当大規模な国際的陰謀」によって水戸夫妻が殺害されたのではないかという情報は摑んでいる、どう対処すればいいか悩んでいる、といった趣旨の回答をした。すでに摑みかけていた浅井大尉の関与は、伏せたのである。

林は田村総領事に食い下がった。

「下手人が台湾人であった場合は、日本はどう対処するのか」

「国際的陰謀であることが事実であれば、彼らの存在は省政府にとって脅威であると同じように、我々日本にとっても脅威である。共同の敵である、というほかない」

田村総領事の返答に対して、林はさらに迫る。

「住民の間では、台湾人の犯行であるという説が有力になっているが、省政府としては、支那人の犯行であると説明し続けている。これに対して、不平不満が広がっている。不測の事態が勃発する可能性もある。日本側としてどう対処するのか」

「犯人が日本人であろうと中国人であろうと、一網打尽に逮捕してもらいたい。また、事件が起きたことについて、警備そのものの責任は中国側にある。つまり、たとえ犯人が台湾人であろうと、警備の責任は中国側にあるということを肝に銘じてもらいたい。日本と中国で関係をこじらせることなく、住民の安定を図るべきではないか」

林は田村総領事の言葉を受け入れ、それ以上の追及はしなかった。

こうして、李が犯人であることは、中国側に伏せられたのである。

混迷する李の身柄移送

福州総領事館が扱いに困った李の身柄は、最終的に台湾に移送された。ただ、その過程はかなりの紆余曲折を経たものであった。

福州総領事館が行う審理の上級裁判所は、台湾にある台湾総督府法院だった。

台湾総督府法院は、明治二十九（一八九六）年の日本による台湾統治の際に設立された裁判所で、その翌年に、高等法院、覆審法院、地方法院という三審制となっていた。その二年後には、高等法院が撤廃され、覆審法院と地方法院の二審制となるが、大正八年に高等法院が復活し、三審制に戻る。

そして、その二年後の大正十年、台湾総督府法院は、中国本土の南部の福建省、広東省、雲南省にある日本領事が行使する領事裁判の上級裁判所として機能するようになった（「南部支那ニ於ケル領事館ノ裁判ニ関スル法律」）。

だが、田村総領事らは、台湾総督府法院では、「真相解明が十分には進まない可能性がある」と危惧していた。

「台湾法院が（中略）軍部との関係が微妙なることを考慮する必要がある」（『顛末書』）

ことから、東京あるいは長崎に移送して審理を続けるべきと考えたのだ。

台湾軍の大尉が関わっている疑いがある以上、福州総領事や台湾総督府法院ではなくて、外務省本庁がしっかりと関与して、事実を解明するべきだと訴えたのだ。

別の記録では、田村総領事は台湾軍の小杉武司参謀長の責任問題にも触れ、本土での審理を強く要望している。小杉参謀長とは、陸軍士官学校第十三期卒業で、台湾軍司令官に次ぐ立場にあった人物である。

「浅井大尉はもちろん少なくとも小杉参謀長は責任を免れることはできない」（第四三号・至急極秘）

この「第四三号」では、東京か長崎での裁判について、「右に対する処置、至急御配慮を請う」と記され、その部分に手書きで強調線が引かれている。

ところが、東京からの回答は、李を台湾に移送し、台湾で審理を続けるべきであるという内容だった。外務省で作成されたとみられる「福州水戸事件」と題した文書には、次のように、台湾に移送すべき理由が記されている。

「犯罪の動機や黒幕について李爐己から重大機微なる自白があった以上、本件の審理をこのまま福州で継続するのは、国交上すこぶる面白からざる影響を及ぼすところありと認められる。本省に於いては田村総領事に対して（中略）本件を管轄すべきではないと命じ、被疑者四名は台湾総統府監獄に送致させた」

そして、「小杉参謀長の責任問題」まで指摘した田村総領事に対しては、次のような言葉で諭している。

「浅井大尉・小杉参謀長に対する責任問題に関しては当方に於いても、目下之を調整方考慮中なるも、大体、審理の進行に伴い、自然の成り行き発展に任せたき所存なり」（貴殿第四三号に関し）

台湾軍の責任問題について、これ以上、ことを荒立てることなく、「成り行きに任せよう」と田村総領事に伝えていたのである。なお「貴殿第四三号に関し」のこの部分には、原文に対して、手書きで何度も修正や加筆が加えられている。解読を試みたが、最終的な文言は判読不能だった。

今後の捜査については、次の二点が大方針となった。

一　本件は台湾総督府に移管する

一　対軍部の関係は台湾総督の方針に一任する

そして、田村総領事の命を受けて、竹内司法領事（副領事）は台湾へと向かった。

逃げ腰の台湾総督府

二月十九日、台湾に渡った竹内司法領事は、総督府が事件の処理に及び腰であることを知る。竹内司法領事が面会したのは、友部泉蔵警務局長、小林長彦保安課長、川村直岡文書課長、深川繁治審議室事務官、帯金悦之助法務課長などだった。

ちなみに、友部泉蔵は内務省出身の官僚で、和歌山県知事などを歴任して台湾総督府警務局長の要職に就いた人物である。小林長彦も内務省出身で、台湾総督府勤務の後は、樺太で樺太庁内務部長、樺太開発株式会社理事などを務めている。また川村直岡が勤務していた文書課はいわゆる「国勢調査」を行う部署であった。

こうした台湾総督府の幹部たちが集まった席上、竹内司法領事が事件の詳細について説明し、台湾での審理を求めたところ、総督府側からは「異論」が出た。李に対する予審を「免訴」にすることはできないか、と答えたのである。

「総督府においては、軍部との関係が現れ来る事は、軍との機微なる関係と統治上に及ぼすべき悪影響を恐れ（中略）、大局上の見地より控訴放棄による予審免訴とするの道なかるべきやとの相談あり」（第八六号）

裁判を打ち切り、有罪か無罪かは判断しないという案だった。

台湾総督府が恐れていたのは、台湾軍との関係が悪化することだった。

福州総領事館と台湾総督府は、次の結論で一致した。

「この際、問題（筆者注：李の身柄）を移送の上、適当に処理をなすを可とすべしとの意見に一致し、右会合を終了した」（『顛末書』）

「適当に処理」するという表現が、このことの性格を明確に現している。

竹内司法領事は、その後、台湾総督府の最高幹部たちにさらに説明を行った。

その一人が、台湾総督府の木下信総務長官だ。木下は、内務省出身で、台湾総督府の内務局長などを経て、愛媛県や長崎県の知事を歴任し、昭和九年に台湾総督府へ転じていた。

竹内司法領事は、その木下に友部警務局長らと共に面会し、再び事件の概要や、直前にあった会合で「適当に処理」すると合意に至ったことを説明し、翌日、移送について正式発表し、東京にいる外務大臣に電報で知らせることで合意した。

しかし、その翌一月二十日も福州側と台湾側との折衝が続いた（『顛末書』は「翌三十日」としているが、翌二十日の誤記であろう）。

福州の竹内司法領事は、台湾総督府の帯金法務課長に面会。帯金は竹内に対して、李の身柄については慎重に手続きを進めたいとして、次のように求めた。

「正式発表をする前に、一応、後藤（筆者注：和佐二）高等法院長、竹内（筆者注：佐太郎）高等検察官長に対して、本件の説明をしてほしい」

後藤和佐二、竹内佐太郎とは、台湾司法のトップに位置する二人の人物だった。

高等法院は、台湾における三審制の要の組織であり、高等法院長はそのトップである。後藤和佐二は、昭和三年から五年以上にわたって、その役職を務めた。また地方を含めて各法院には検察局が置かれ、そのトップが高等検察官長である。

竹内司法領事は、さっそく帯金法務課長と共に台湾法院に向かった。

そこで竹内は、台湾高等法院側から次の二点のような依頼を受けた。

一　本件の移送を受け入れるのは、台湾統治上、望ましからず

一　なんとかして福州領事館において相当の処理をすることは可能ではないのか

これに対して、竹内司法領事は、これ以上福州で審理を続けることは「不可能の状態」にあると力説したが、台湾総督府側はこれを受け入れようとしなかった。

竹内司法領事と台湾法院トップ二人の面会は、李の身柄移送を巡って意見の応酬があり、「何らの決定をみずして終わった」（『顛末書』）

台湾総督府と、田村総領事の攻防

李の台湾への移送には、台湾軍司令部の了解が不可欠だった。

ところが、竹内司法領事が台湾に出張していたちょうどこの時、台湾軍司令官の阿部信行、守備隊司令官の鎌田弥彦らは台湾にはおらず、すぐに連絡を取り合うことは難しかった。

阿部は昭和三年に陸軍次官に就任し、宇垣一成陸軍大臣が病気で不在の時は、陸軍大臣臨時代理も務めた日本陸軍の最高幹部である。鎌田弥彦は、大正十五年に陸軍少将に昇進

した最高幹部の一人である。

連絡が容易と思われたのは台湾軍・小杉参謀長だった。ただし、小杉もちょうどこの時、台湾南部に出張しており、その帰りを待たざるを得なかった。

小杉の帰りを待つ間、竹内司法領事のもとには、東京の外務省本省から次のような電報が入った。

「本件事実の詳細を、陸軍省に通告することにした」

ようやく事件が、外務省と陸軍省との折衝に持ち込まれたのである。

竹内司法領事は、台湾総督府での一連の議論、そして、東京の外務省からの打電内容について、福州にいる田村総領事に報告した。

台湾総督府は、李の身柄は台湾へ移送するしかない、という結論に達した。

李の移送によって事件の真相が漏れれば、台湾統治に問題が生ずる可能性はあるが、「田村総領事の申し出、そして外務大臣からの訓令がある以上、予審決定にもとづいて李の台湾への身柄の送致以外に道はない」というのが結論だった。

しかし、引き続き台湾総督府は、事件と軍部との関係が明るみにでるのを、かなり恐れていたようである。

三月三日の東京への打電（第六号・至急）には、「総領事の取り調べによれば、主犯者は犯罪の動機として、台湾軍司令部附某将校の指唆を受けたことを自供している」ため、今後の取り調べ状況についていては、「この点とくにお含みの上、ご考慮願いたし」と訴えている。この台湾総督府からの打電では、浅井大尉の名前は消され、「某将校」となっている点も指摘しておきたい。

そして、次の福州総領事館からの打電は、「李は（三月）十四日発、盛京丸にて、外二名は十六日大球丸にて護送の予定」という簡単な一文だけである（第八八号）。

昭和七年三月十四日、福州を出発する盛京丸で、李爐己・黄天賜の二人を田口部長・浜田、寺島巡査部長が引率。翌十五日、台北刑務所に引き渡しが完了する。

さらに三月十六日、今度は大球丸に実行グループの一人、王春旗を乗せて、西村・劉巡査部長が同行して台湾に移送された。台北刑務所への引き渡しは、翌日完了した。

福州水戸事件に関係した四人の加害者は、台湾での審理に移ることになり、捜査は一段落することになる。

浅井大尉のその後

事件から一か月たった頃、浅井大尉の動静が、突然外交文書に登場する。

二月十五日午後、厦門の三浦領事が汕頭にある日本領事館にあてた電報が東京にも伝えられている。汕頭は、福建省の西隣・広東省の東部にある港町である。

「台湾軍参謀・浅井大尉は、十五日広東丸にて当地に寄港したるが、即日同船にて貴地(筆者注：汕頭)に赴き数日滞在の上、帰台の予定なる由。なお同大尉は本官に対して、元々自分は福州に赴く積もりで既に切符も買っていたが、汕頭の情勢悪化したるに付き、予定を変更して同地に赴くべき旨、十三日午後に命令あり。急に切符をも買い換えて参りたる次第なる旨語れり。お含みまで」(第六六号)

浅井は、福州に行くつもりだったが、突然の命令によって汕頭に行くよう言われたと、三浦に伝えていた。三浦がそのやり取りを詳細に報告しているのは、何か不信を抱かせる行動があったからではないか。

田村総領事は、慌てて外務省に問い合わせ、汕頭への連絡を依頼している。

「浅井大尉貴地にての行動並びに当地へくる模様ありしや否や、さしあたり承知したき事情あるに付き、御内報ありたし」（第六七号）

汕頭からの返答は次のようなものであった。

「浅井大尉は当地着以来、二回にわたり台銀支店および商船出張所（筆者注：大阪商船）を往訪かたがた市中を視察したるのみにて見受けるところ別段深き意味あるやに思慮せられず。二十二日当地発、帰台の予定にて貴地には赴かざる旨語りいたり」（第一八号）

浅井が仙頭など広東省で活動をしていたことは、真崎甚三郎にあてた手紙が残されていることからもわかる。手紙の発信元は広東市となっている。

台湾軍司令官だった真崎が、参謀本部次長に就任するのは、福州水戸事件直後の昭和七年一月。手紙は、参謀本部の真崎あてとなっており、浅井は、事件後の昭和七年の前半、汕頭など広東省で何らかの任務にあたっていたとみられる。

葬られた事件の真相

福州水戸事件は、メディアでその真相が報じられることはなかった。

「台湾総督府より水戸訓導惨殺犯人に関する記事差し止め方、取り計らい済みの旨、並びに内地および植民地は手配済みなりやとの注意ありたるに付き、右しかるべくお取りはからいを請う」（第三二号・一月十四日午前）

事件直後の一月十四日、田村総領事はこのように事件に関する「記事差し止め」も東京に依頼している。

注目したいのは、記事差し止めの確認依頼は、台湾総督府からなされていることである。

李爐己が逮捕された時点で、台湾総督府は台湾での記事差し止めを「取り計らい済み」であった。さらに、「内地および植民地」についても、台湾総督府から直接ではなく、福州総領事館を通じて、記事差し止めを行うよう確認したのである。

台湾総督府は、拓務省の管轄下にあった。拓務省は昭和四年に設置され、朝鮮総督府・台湾総督府・関東庁・樺太庁・南洋庁など、いわゆる本土外の植民地を管轄する省庁だ。つまり官僚組織上、外務省の管轄にある福州総領事館とは別系統にある組織である。

日本近現代史を研究する須崎慎一は、この打電の内容からも水戸夫妻殺害事件が謀略であったことがうかがえると述べている。

「直接拓務省に対して内地での記事差し止めを求めるべき台湾総督府が、福州総領事を介

して外相のルートに頼もうとするところにも、謀略としてのこの事件の性格が現れていると言えよう」（須崎1993）

一月十八日、外務省文書課長の名前で作成された「機密一五九」には、「水戸参雄および同人妻を殺害せる犯人に関する記事は内地新聞に於いて、これを掲載せざるよう」と、記事の差し止めを周知する内容が記されている。また、この文書には、「内地」の横に、手書きで小さく「朝鮮および関東州」とも書かれている。本土だけでなく、当時の植民地すべてで、李の関与そして浅井大尉の存在は伏せるように要請されていたのである。

軍による報道統制はどのようなものだったのか。

台湾で発行されている台湾日日新報の記者だった衛藤俊彦は、「台湾では新聞記事の差し止めが総督府警務局、検察局、後には軍によって行われていたので新聞で報道されなかった著名な事件も数多い」（『一億人の日本史』）と記している。

衛藤自身が見聞きしたものとして、代表的な三件があげられているが、その一つが、福州水戸事件だったという。

他の二件は、久邇宮殿下が台湾をご旅行中に知事官邸前で朝鮮人の趙明河《ちょみんは》に襲撃された事件（台中不敬事件）、そして、日本共産党幹部の渡辺政之輔《まさのすけ》が台湾に渡った際、警官隊に追い詰められピストルで自殺した事件（興世山刑事事件）であるという（筆者注：ただし公文書等には記録がない）。

衛藤が記者として務めていた台湾日日新報は、日本の統治下にあった台湾で、台湾新聞・台南新報と共に三大新聞として最大規模の発行部数を誇る新聞だった。

衛藤は福州水戸事件発生の数日前まで福州に滞在していたと記している。

台湾から出張し、中国陸軍の部隊の一つ十九路軍の取材を行っていた。十九路軍は、陳銘枢、蔣光鼐、蔡廷楷が率いる部隊で、後に第一次上海事変で日本軍と闘い、その武勇から「抗日英雄」とも称された。

福州に滞在中、衛藤は水戸夫妻にも会っている。

事件を知ったのは、福州から台湾に戻って数日後のことであったという。日本軍の何らかの関与を聞かされたと記している。

「数日前まで福州にあり、その訓導（筆者注：水戸夫妻）にもお会いしているので、その事を聞いた時はまことに感慨無量であった。この事件には軍の一部の人々の思惑が加味されていたと伝えられた。いわゆる福州事件である」（『一億人の昭和史』）。
という内容が、表の歴史に記録された衛藤の事件との関わりである。

だが、中村論文（１９８２）を読み込むと、さらに驚くべき衛藤と事件の関係を刻んでいる。本文中ではなく、「注」の中にその記述はある。

衛藤は福州滞在中に李と面会、事件を起こすことをほのめかすような供述を聞かされていたというのである。

「衛藤俊彦氏は李爐己に会い、病気で余命少ないとみなされる水戸訓導を犠牲にする計画を彼の口から聞いたという。しかし当時、あまりの馬鹿らしさに本気にせず、数日後帰台して事件の報道に愕然としたという。病弱余命少ない云々の発言は、同窓の友を殺害する罪意識の軽減化からであろう」（中村１９８２）。

李は新聞記者である衛藤に自らの企てを口にしていた、ということになる（ただ、水戸夫妻殺害を事前には知らなかったという李の『供述書』の内容とは矛盾する）。

しかし、報道されることはなく、事件の真相は葬られていくのである。なお、この中村論文（１９８２）の記述は中村が衛藤本人から聞いたものなのか、出典は明確ではない。

福州水戸事件が起きた昭和七年正月の前後、新聞報道が満洲情勢一色だったことも、この事件が十分に報じられなかった背景にあると考えられる。

筒井清忠によれば、朝日新聞社は、昭和六年九月十一日から翌年一月十日にかけて、号外を一三一回発行し、朝と夕方と一日二回に及ぶ日もあったという。「特派員の報告演説会は東日本だけで七十回、約六十万人」が参加した。他にも、ニュース映画の上映会は、一五〇一か所で、四〇〇二回開催され、一千万人が集まった。社説も「満洲に独立国の生れ出ることについては歓迎こそすれ、反対すべき理由はない」などと満洲国独立を肯定するような論調も見られた（筒井２０１８）。

満洲事変は、それまでの軍部を批判していた日本のマスコミが大きく旋回し、拡大方針を追認していくタイミングとして知られている。その真っ只中で起きた福州水戸事件は、一報こそ国内外に報じられたものの、その後、新たな情報はまったく報じられなかった。

不起訴となった李

台湾に移送された李らは、未決勾留の状態が続いていた。

未決勾留とは、犯罪の容疑があって逮捕された後、判決が確定するまで刑務所などの施設に拘留されることである。ただ、李たちについては、判決が出ないという以前に、台湾内のどの法院で審理をするのか、予審を経て起訴をするのかどうかも決まらないという、宙ぶらりんになった状態だった。

昭和七年七月二十六日、田村総領事は事件の審理について、次のように打電している。別件で台湾に出張した田村総領事は、台湾総督府の最高幹部である総務長官と警務局長と面会、審理がどのようになったか尋ねた。

二人の回答をまとめると「総督府においては、いまだ管轄法院の決定がなされておらず、当館にて竹内司法領事が行った拘留内密審が終わった後は、単に警察拘留を繰り返して、起訴中のままの状態にあり」(第一六四号・極秘)。台湾に移送された後、まったく審理が進んでいないと知らされたのである。

さらに、田村総領事は総務長官・警務局長から聞いた話として、「本件犯行前において、台湾側において相当関係者ありたる模様なり」と報告している。水戸夫妻殺害事件の背後には、台湾で相当数の関係者がいたというのである。

「(台湾総督府が)予審を継続するかどうか、すこぶる疑問であると見受けられる」(同第一六四号・極秘)

この直後、田村総領事はシンガポール総領事へと異動になり、福州・台湾での事件に直接関わることはできなくなった。後任は守屋和郎総領事となった。

審理が行われたのは、事件から十か月以上が経った昭和七年十月二十日。傍聴禁止という完全に非公開の場で審理が行われ、李、進吉ら全員が釈放になった。

ここでどのような審理が行われたのか、また釈放の理由は何なのか、外務省（現地総領事館）もよくわからない、という状態だった。

中村論文（１９８２）によると、「おそらく対軍部、統治上の問題からある程度外務省側が予測したごとく、免訴になったものと思われる」としている。

台湾総督府警務局長を務めた本山は次のように記している。

「領事館警察は（中略）犯人を捜索し、李を検挙し、殺人罪として裁判に付した。李は、軍に頼まれたことを主張し、社長の鎌田君（筆者注：李が勤めていた閩報館の上司、鎌田正威）も、台湾軍司令官真崎大将に抗議した。事件を取り扱った二反田裁判官は、当初、李の言を信じなかったが、その後、軍部に問合せ、事実を知り、李を不起訴処分にして、南支に逃がしてやった」（『私の九十年』）。

この本山の記述が正しければ、事件そして裁判に関わった関係者は、浅井大尉の関与を知りながら、李を不起訴にしたのである。

一方で、台湾総督府は新たな動きを見せている。李らが台湾に移送された直後の三月二十五日、突然、台湾総督府から李の犯行動機に関して、東京の外務省へ報告が上がった(警高甲第四三三三号)。

台湾・基隆在住の黄長壽という男から李の犯行について新たな証言があったというのだ。黄は数年前に福州に密航していた「無頼漢」で、二月十七日に台湾に戻ってきたという。

黄の証言は次のようなものであった。

「水戸夫妻殺害事件の主犯者は、李爐己である。李は盟友である盧興邦に福州の実権を掌握させようと計画していた。しかし、盧の現有勢力は到底、省政府に及ぶものではなかった。機を窺っている中で、海軍将校に対する暴行、水戸夫妻殺害、領事館爆破によって治安を混乱させ、その責を福建省政府に負わせて失脚させようとしたのである」

李は水戸夫妻殺害の主犯であり、自分たちが福州の実権を手に入れるために事件を起こしたというのである。福州総領事館が追及してきた事件の構図とは、まったく違った内容を、李の釈放直後に台湾総督府は報告したのだ。

こうして台湾で十分な審議が行われず、浅井大尉や軍の関与の有無については、解明されないままとなった。

要注意人物、李の暗躍が、再び始まる

不起訴となった李が、その後に向かったのは満洲・奉天である。外交文書には、その内容が詳細に記されている。

情報の発信元は福州ではなく東京であった。外務省条約局長から福州総領事館にあてられた（極秘第二〇七九号）。昭和七年十一月二日である。条約局の係官のもとに、鎌田元閩報館長から「李他二名が旅費三百五十円を受け取って、十月下旬に台湾を去り奉天に到着した。今後は軍側方面に面倒を見てもらうことになる」という情報がもたらされたという知らせであった。鎌田は、領事館から李のその後について特に何も知らされていなかったので、慌てて知らせてきたというのである。

事件から一年も経っていないこの時点で、犯行グループの中心メンバーである李は再び日本軍の下で働き始めていた、ということになる。

その二日後、李が満洲にいることを裏付ける情報が福州に届く（極秘第二九八号）。

十一月三日、福州で居留民会が開かれていた。その席上で、中曽根閩報館長が福州総領

事館の守屋総領事に対してこう告げた。

「李爐己は既に満洲国に赴いているとの情報が、台湾からもたらされた」

立て続けにもたらされる李の消息情報に、守屋総領事は驚いた。その場では中曽根に対して深くは追及することはなかったが、守屋総領事が東京の外務省にあてた打電は、「詳細は探査の上追電すべきところ、とりあえずお送りする」とわずか四行で、慌てた様子がうかがい知れる。

台湾に移送された後、李はどんな経緯で満洲に向かい、日本軍の指揮下に入ったのか。守屋福州総領事館は何も知らされていなかったのだ。

福州からの打電は李の追跡情報をさらに詳しく寄せている。

「李爐己は、李丙華と変名し、総督府の信用を受けるため、台北市若竹三の十八・岩崎敬太郎（五十三歳・高等ゴロ）とともに満洲にてある種の活動を命じられ、十月二十四日、台湾を蓬莱丸にて出航し、門司を経由して奉天に向かった。その部下として共犯者の王春旗の他台湾人四名が同行している」（極秘第三〇四号）

蓬莱丸は、瑞穂丸や高千穂丸などと共に、台湾・基隆と日本とを結ぶ航路を行き来する船の一つである。

この情報を受けて、東京の外務省条約局長は、満洲の武藤大使にも打電。「今後の動静については、相当のご注意が必要となることと存じ、まずはお知らせまで電報します」（第二三七号）。

李が満洲・奉天にいることを知らせた上で、注意喚起を呼びかけている。書面のタイトルには「要注意台湾人の動静に関する件」とあり、外務省が福州水戸事件のその後にいかに注意を払っていたかがうかがえる。

また福州領事館は、水戸夫妻殺害を李と共に企てた進吉の消息もとらえていた。

「共犯者・洪進玉は厦門に入り込み、何らかの任務を命じられているようである。また、共犯者の一人・黄天賜は台北市内にある某印刷所に正業を得ている」

奉天特務機関の一員となる

李に関する情報は、その後も次々ともたらされる。奉天にある日満寿商会という日本人が経営する薬品や医療機器を扱う店に姿を現したのである（機密第三七〇号）。

奉天は、現在の瀋陽市で、昭和六年に満洲事変が勃発すると関東軍の土《ど》肥《い》原《はら》賢二によって奉天市政府が樹立されていた。

日満寿商会の店主・行天一男は、福州の出身だった。そのため福州に長く滞在していた李と意気投合したのであろう。その夜、行天と李は酒を飲んでは、日本と中国について大いに語り合い、李はその日、行天の家に泊まっている。

その時、李は行天にこんな一言をもらしている。

「わたしは、とある機関に勤務している」

行天は、福州にいる父のもとに「福州にもいたという李という男が現れた」と、その夜のやり取りを綴った手紙を送った。その内容が福州総領事館に伝わり、李の消息が明らかになったのである。

その後、李は大胆不敵な行動に出ている。

守屋総領事が、東京の外務大臣に発信した「李爐己の動静に関する件」（機密第二四号・昭和八年一月十六日）によると、李からの年賀状が領事館警察署に届いたというのである。外交文書では、「参考まで」として全文を掲載している。

「謹賀新春
馬鹿な噂をされた中年も去ってしまいました。そのまま昭和八年の春を、のびのびとした満洲の野に迎えています。平素のご無沙汰をお許し頂くと共に、皆様の萬福をお祈り申し上げます。

昭和八年元旦　奉天市商埠地三経路四十七号　李爐己」

これが事件直後に田村総領事に対して、水戸夫妻殺害事件の顚末を語った李の年賀状だとは信じられないような人を食った内容である。

その翌一月十七日、福州総領事は騒然とすることになる。

奉天に暮らす李から、今何をしているかをわざわざ知らせるかのような手紙が届いたのである。中山警察署長にあてて、昭和七年十一月二十八日に奉天市から発送されたものが、なぜがカナダ・バンクーバーに誤送され、翌年一月十七日、ようやく福州に届いたと記されている。

「昭和七年十一月二十八日

陸軍奉天特務機関　李爐己

中山栄殿（筆者注：警察署長）

福州では一方ならずお世話になり、ありがとうございました。春先にお別れしてより、上京して今では満洲にあり前記機関（筆者注：奉天機関）にて国家のために尽くしております。皆さま方へのご挨拶ができておりませんこと、よろしくお伝えください。当地の状況は、新聞にて詳細をご存知のことと思われますのでご報告は省略します。今後ともお見捨て無く、ご厚情を賜りますこと右よろしくお願い申し上げます」

奉天特務機関は、ソ連軍の装備や作戦、満洲内での中国軍の動静などの情報収集を行っており、日本の軍人だけでなく、現地の人間も現場のメンバーとなっていた。

特に、この時期の奉天特務機関は、満洲方面に多数展開されていた特務機関の中でも、大きな存在感を示していた。関東軍情報部参謀で大佐として勤務していた西原征夫がまとめた『全記録ハルビン特務機関』によれば、満洲事変前、奉天特務機関長に土肥原賢二が就任してから、次の機関長・板垣征四郎の時代、そして、昭和八年に再び土肥原賢二が機関長に就任した期間、奉天特務機関は「縦横の手腕を揮った」とされている。

李の手紙は、自分がそうした「奉天特務機関」の一員となったことを、福州の顔なじみたちに誇っているかのようである。

李は、福州で勤めていた閩報館の鎌田正威から旅費として三百五十円を受け取っている。鎌田は事情を知っていたのだろうか。

この奉天特務機関と強いつながりがあったのが、先に触れた浅井敏夫の陸軍士官学校同期、片倉衷大尉であった。昭和五年八月に関東軍参謀部に勤務することになった片倉は、その任務について、板垣征四郎の「補佐業務の一部を分担したが、それは軍関係の渉外事項であった」と述べている。

そして、満蒙地区の「軍関係の渉外事件は先ず関東軍が奉天支那軍憲の当事者と解決するのを例とし、主として奉天特務機関がこれに任じた。また同機関は参謀本部の直轄であるとともに、関東軍司令官の指揮下に入った」（『戦陣随録』）。片倉が言う「渉外事件」とは、同著によれば昭和二年から五年頃は、日中両軍の「衝突事件」、中国側の巡警による「不法事件」、「行軍演習に対する抗議」「演習地、射撃場その他軍用土地および工作に関する紛糾」だった。片倉自身は、昭和七年八月に異動となり、李とは入れ違いで満洲を去っている。

李は、片倉の上司・板垣征四郎のもとで再び暗躍を始めるのである。

満洲での謀略

李爐己は、満洲で再び歴史の表舞台に登場する。

昭和八年三年二月、陸軍の板垣征四郎が、いわゆる「天津特務機関」の機関長に就任する。天津特務機関の目的は、蔣介石政権に対して反目している華北にある軍閥を刺激・対立させ、日本軍の大陸進出をスムーズに進めようというものであった。

李は、この天津特務機関で働くことになる。

北京の玄関口でもある天津は、当時、唯一の「九国租界」があった場所である。一八六〇年頃から英・米・仏などが租界を開設し、日本も一八九六年に租界を設立。露・伊・独・ベルギー・オーストリアと合わせ九か国が租界を設けていたのである。つまり、各国人が入り乱れ暗躍する最前線の土地でもあったのだ。

李は福州で事件を起こす前にも天津で暮らしていたことがあり、土地勘があった。それを生かして再び日本軍の下で活動を始めるのである。

板垣の下で工作にあたっていた宮元利直が「極秘メモ」を残している。宮元利直は、北京にある宮元公館を拠点に、中国側に深く入り込んで活動していた人物であり、戦後、花村一平がその詳細を分析して『中国革命の舞台裏—北京・宮元公館』を著している。

「梅津天津駐屯軍司令官時代に天津工作として板垣征四郎氏が専田大尉、李爐己、川島芳子等の工作員を連れ天津に乗り込み木村五郎の私邸に潜伏して該工作を推進した」（花村

1973）
ここに登場する専田大尉とは、参謀本部付で北京に駐在したり、支那課勤務をしたりした人物で、関東軍参謀であった専田盛寿である。川島芳子は、清朝の皇族の出身で本名は愛新覚羅顕玗《あいしんかくらけんし》である。満洲国建国の裏側で、日本陸軍に協力して様々な工作に関与していたとされ、映画やドラマでもお馴染みの人物の一人だ。

李は板垣征四郎の下、こうした人物たちと日本陸軍の大陸進出の一翼を担う。

宮元のメモによれば、この時、板垣たちは木村五郎に工作資金百万円を調達させ、それを元手に「張敬堯」という軍閥を買収、反蔣介石のクーデターを起こさせる計画を進めた。クーデターは不発に終わるが、李は陸軍謀略の最前線にいたことになる。

そして翌昭和九年、李は満洲国の正式な軍高官となる。

この年、関東軍参謀長に板垣征四郎が就任するが、満洲国軍政部の最高顧問は多田駿《はやお》少将であった。多田は、陸軍の中でも指折りの中国通として知られ、現地人を中心として建国軍の設立に尽力する。

多田の下で軍政部顧問となった宮元利直が建国第二軍の編成を任される。この宮元が、李を「建国第二軍中将」として迎え入れたのである。板垣征四郎と宮元利直との深いつながりが、李を押し上げていったのだ。

他にも宮元は、少将に陳文三、蘇潭を、将官に王桂庭、謝美洲、林健寅、郭良らを迎え入れるが、いずれも台湾出身の人物であった。

ほとんどは中国東北部の軍閥に所属していた者たちを集めた私兵だったが、その幹部に、李を筆頭に、「台湾に置いておけば何をしでかすか判らない台湾人のサムライたち」を迎え入れ「大物に仕立ててしまった」（花村１９７３）という。

さらに、花村が宮元から聞き取った証言によれば、この時編入したのは、「台湾軍司令部から関東軍司令部へ引き継いで来た全員三十九名」であったという。つまり、李の身柄は、台湾軍司令部から託されたものであると考えられるのだ。

新聞社を買収

その後、李は天津庸報という新聞社の社長となっていたことも明らかになった。

「天津庸報」は、天津で発行されていた大新聞で、もともとは昭和元年に董顕光という中国人によって創刊され、上海で発行されていた「申報」と提携してから一躍、天津における大新聞に躍り出た。反日を全面に押し出しており、満洲事変に対して日本の侵略であると激しく非難し、中国側は一致団結して抗日にあたるべきだという論陣を張っていた。

「天津庸報」の反日の姿勢は、李が天津特務機関で働いていた時も変わらなかった。

昭和八年、関東軍が熱河省・河北省に侵攻を図るが、その時も反日・抗日を呼びかける熱い紙面を展開していた。関東軍は、「この新聞の反日色の強い論調を以前から苦々しく思っていた」とされている（この項、主に孫２００８による）。

ところが昭和十年、「天津庸報」の論調が大きく替わる。

奉天特務機関長だった土肥原賢二が、「天津庸報」の買収に成功したのである。買収後、反日色の論調は跡形もなく消え去ったという（佐野２００８）。特務機関が現地の新聞を利用して、世論を操作しようとしていたということだ。

このような例は他にもある。例えば、後にインパール作戦を成功させるためビルマで活動する光機関は、ビルマ内に暮らすインド人向けの新聞発行を援助していた。光機関が所有する印刷所を貸して、様々な言語の新聞発行を推し進めていた。さらに光機関は、新聞だけでなく、映画、写真、雑誌、ビラ配布など様々なチャンネルを通して、日本の宣伝を行っていた（山本１９９８）。

なお、天津庸報の買収を巡っては、創業者である董顕光の手記が残されている。

「一九三五年の冬になると、私は健康上の理由で『大陸報』の職務を辞任した。その前、天津『庸報』を蔣堂を通じて紅卍《こうまん》字《じ》会《かい》に売却した。後になってこの紅卍字会は日本人と緊密な関係を持つことがわかったが、もう遅い。仕方がないが、とても遺憾なことである」（董顕光英語原著1973）

紅卍字会は中国の宗教結社「道院」に連なる団体で、出口《でぐち》王《お》仁《に》三郎《さぶろう》が率いる大本教と密接な関係にあり、満洲にある紅卍字会は関東軍と協力関係にあった。反日の論陣を張っていた天津庸報はこうして日本側の手に渡ったのである（別の記録によれば、天津庸報の買収は一九三三年に行われたとされている）。

そして、買収に成功して土肥原賢二が、天津庸報の社長に据えたのが李志堂という人物だった。この李志堂が本名、李爐己なのである。

中国のプロパガンダを操る

本書で何度も登場している台湾総督府警務局長を務めた本山文平は、この頃、李と再会し中国各地を二人で旅していた。

「私は、京城、釜山、平壌、奉天、新京、大連、厦門、南京、北京、満洲に旅行した。台湾警務局長時代、福州日報の記者であった李爐己が案内してくれた。李は、その当時、李子堂と改名し、板垣陸軍少将の後援のもとに、天津の大新聞たる、天津庸報の社長をしていた」（『私の九十年』）。

本山によれば、李が天津庸報の社長になったのは、福州水戸事件の経緯を知る、板垣征四郎の計らいであったという。

「李は、天津方面に政府を作っている、冀東政府主席殷汝耕に紹介した。また、北京でいわゆる長夜の宴を開き、私を歓待した。また、日支事変の発生地盧溝橋に案内し、そのそばに事件で戦死した青森県出身の兵のために建てた記念碑に、青森県知事の書いた碑文にある〝暴支膺懲〟の文字を指し、『なぜ暴将蔣介石と書かぬか、暴支と書けば、支那人全部を指すことになる、必ずや将来、支那青年は、この碑を破壊するであろう』と軍部のやり方を批判した」（『私の九十年』）

李は中国各地を巡りながら、羽振り良く本山を歓待していたことがうかがえる。

一方で、日本の軍部に対して批判的な言葉を吐いているのも非常に興味深い。

さて、李が社長となった天津庸報に話を戻す。

李の就任した頃から、「天津庸報」の紙面から反日・抗日・排日といった記事は姿を消した。李が紙面作りにどれだけ関与していたかはわからないが、天津地域研究会がまとめた『天津史』には次のような記述がある。

「満洲事変後、日本特務機関『青木公館』は庸報の買収に成功した。一九三五年茂川《しげかわ》秀和《ひでかつ》特務系統、李志堂が社長になった。翌年、さらに李に代わって、『中美晩報』の尾崎秀雄、三谷亨が派遣された。こうして庸報は天津陥落以前にすでに親日派の日刊新聞になっていた」（天津地域史研究会１９９９）

尾崎と三谷が「天津庸報」の紙面を構成するようになった時、李は副社長に張遜之を据えている。張は蔣介石の下、国民政府の諜報機関で働いていたが、日本側に寝返り、日本軍の下で諜報活動をしていた人物である。

張の下には「調査部」という部署が設けられ、北京と天津とで数百人が諜報活動にあたったとされている。関東軍が一か月に七千円という資金を供与し、それをもとに中国側の各政府機関の職員を買収していたのである。

関東軍・土肥原賢二による天津庸報の買収に、李が何らかの形で関わっていたことは間違いがない。

満洲国の軍高官にまでなった李が、さらに対中国プロパガンダの一翼を担うことになっていたのである。

李、再びの暗殺を実行する

昭和十年、李は再び日本軍の命を受けて暗殺に関与したとされている。

五月三日早朝、天津で新聞を発行していた振報社の社長・白《はく》逾《ゆ》桓《かん》が殺害される。白逾桓は明治大学に留学していたこともある親日派の人物で、日本租界の須磨街に住んでいた。その白が午前四時頃、拳銃で三発撃たれ死亡したという事件だ。

白はもともと中華民国が設立された後、衆議院議員も勤めるなど政治の中枢にいた人物だった。一九二四年に中国国民党と中国共産党が手を結んで国共合作が行われると、国民党批判を強め、振報社で「国民党の悪口を連日書き続けて来たため（中略）、脅迫状が連日舞い込み、その手紙を天津憲兵隊池上隊長へ束にして十数通届けて」（花村１９７３）いた中での事件勃発であった。

この事件は、犯人について未だに確たる事実が判明していないが、宮元利直は李本人から自分が殺したと告白されたという（この項、花村１９７３による）

「白逾桓が風呂屋で、風呂に入ろうとして湯壷をまたいだとたん李爐己はピストル三発を撃ってこれを殺した。板垣の命令を遂行したのであるが、これが拡大して河北一帯大混乱に陥った」と宮元は語っている。

実はその前日の夜十一時頃（白の殺害の約五時間前）、日本租界ではもう一つ殺人事件が起きていた。同じように親日の論陣を張っていた「国権報」の社長・胡恩溥の殺害である。拳銃を四発撃たれ、病院に運ばれたものの死亡していた。

そして、板垣征四郎は池上隊長を連れて、天津市長の張自忠を訪ね、強く抗議した。

詳細は定かではないが「証拠書類」を見せて、振報社にも脅迫状を送っていた反日グループの急先鋒だった藍衣社や、ＣＣ団といった団体を強く取り締まるよう要求したのだ。

特に藍衣社は、正式名称を中華民族復興社と言い、メンバーはお揃いの藍色のシャツを着ていて、日本租界に暮らす人々から見ると治安不安の種の一つだった。

板垣たちは、中国側が藍衣社などの反日の動きを後押ししているのではないか、と迫ったのである。

さらに板垣は「私は日本租界居留民保護のため断固たる決意をなすべきであると思う。一週間を経てもなおこのままの状態の時は、日本は自由行動に出ることになります」と言って、天津市長との交渉の席を立ったという。

もし白逾桓に李が関与していたならば、天津でも福州水戸事件とまったく同じ構図で事件が引き起こされていたことになる。

もう一つの暗殺未遂事件

実はこの白逾桓殺害事件の直前、李は別の暗殺未遂事件にも関わっている。馬占山という名の中国軍人の殺害未遂である。

馬占山は、満洲国の設立後、反日のゲリラ戦を展開して日本軍を悩ませた軍人として知られ、浅田次郎の『蒼茫の昴』にも登場する人物である。

ただその経歴は複雑だ。もともとは馬賊の出身で、清の軍隊に入り、満洲事変が勃発した昭和六年には南京政府から黒竜江省主席代理に任命され、関東軍と対峙した。

しかし、翌年には日本側につき、満洲国が成立すると、同年三月九日に建国軍の軍政部総長となるのである。つまり、李が建国軍の中将になる二年前、同じ建国軍の要職にいた人物なのだ。

ところが、それから一か月も経たない四月三日には満洲国から脱出して、再び南京政府側につき、ゲリラ戦を組織する。日本側から再び寝返り、国民政府の中心にいた張学良《ちょうがくりょう》と連絡を取り合うようになったのである。

その後、馬は日本軍に対して劣勢であったことから、一旦ソ連に脱出してヨーロッパを経由して再び中国に戻るが、日本に対する姿勢を巡って蔣介石と意見が合わず、天津の租界内に身を潜めていた。

当時、庶民の間では反日抗戦で活躍した馬占山の人気は高く、「馬占山香煙」と銘打った煙草も売られたと当時の新聞は報じている（満洲日報１９３３）。

そんな中、板垣征四郎の指導の下で、暗殺未遂事件が起きるのである。

宮元利直のメモによれば、馬占山の暗殺計画は当初、川島芳子が担っていたという。

「板垣征四郎氏の天津工作として当時馬占山が天津の某所に潜伏しありしを探訪した板垣征四郎氏は、川島芳子に命じ動静を探らせることになり、川島芳子は潜伏しある旅館に馬占山を訪ね何を語ったか何をなさんとしたか知るよしもないが、結論に於いて一晩サービ

スをして帰ったに過ぎないと云われた。そこで板垣征四郎氏は李爐己に命じて李爐己が乗り込むことになった」（花村１９７３）

川島芳子は李に対して、馬が潜伏する旅館には警備が四人いて、いずれもドイツ製のモーゼルと呼ばれる拳銃を携行しているから慎重を期すよう伝えたという。

李は、部下を四、五人連れて馬占山が潜伏する旅館の周辺に配置し、自分は単身旅館に乗り込んでいった。懐には拳銃を携えていたが、見つかることを恐れ、旅館に侵入する直前、旅館の物置に隠すことにした。

以下は宮元のメモに残された暗殺未遂の様子である。

「刺客の訪れたことを見抜き警戒は室の内外にくばられた。四方山の話をした後なごやかに麻雀をやることになり、午後四時頃から夜の二時頃までつづけ、持ち金を全部せしめられ護衛に送られ、まかりまちがえば護衛は殺気まで帯びておるため、何一つ手出しも出来ず、物置に匿した拳銃までそのままにして涙を飲む思いで帰ったと李爐己本人から直接聞いた。そのままを綴る。川島、李、両名の馬占山暗殺の失敗談である」（花村１９７３）

暗殺未遂とは言いながら、川島も李も馬占山と話をして終わっただけだ。それでも李が板垣征四郎の下で活動をしていたことを物語る極めて重要な証言なのである。

余談だが、馬占山はこの後、国民政府から東北挺進《ていしん》軍総司令として任命され、中国共産党の傘下にある八路軍と協力して、山西省で反日戦線の最前線に立つことになる。その活躍ぶりは「東洋のナポレオン」と言われるまでになる。

暗躍の末路

李の最期は、昭和十八年七月三十日だった。蔣介石との間の和平工作に従事している中で、反対派に毒殺されたという。

直前に述べた昭和十年の暗殺に関与した後、李がどこで何をしていたのか、詳細は判明しなかった。

亡くなる直前に行っていた和平工作について、中村論文（１９８２）でも詳細については書かれていないが、これまで文脈から考えれば、李は蔣介石と日本政府との間で単独講和の仲立ちを工作をしていたと想像される。この昭和十八年当時、蔣介石は同じく国民党の繆斌と対日単独講和を検討している。

その最中での李の死。

台湾総督府警務局長を務めた本山は、著作の中で李の死に触れているが、「病死」だったとしている。毒殺か病死か、どちらが正しいのかは不明である。

「李は、その後（筆者注：本山との旅行後）、まもなく病死し、上海で松井石根陸軍大将が葬儀委員長となり、盛大な葬儀が行われた」（『私の九十年』）

葬儀委員長となった松井石根は、昭和十二年七月の盧《ろ》溝橋《こうきょう》事件後に、中支那方面軍司令官兼上海派遣軍司令官として赴任し、翌年に予備役に退いた軍人である。その後、大東亜共栄圏の確立を掲げた「大亜細亜協会」の会頭として国内外を回っていた。

松井は、李が死亡した昭和十八年七月、大東亜協会会頭を勤めていた時期であり、要職の人物が葬儀委員長となった事実は、福州水戸事件から天津庸報へと数奇な人生を辿った李という人物の本質を物語る貴重な手がかりである。

中村論文（１９８２）によれば、李の葬儀には、日本の官僚や民間人、それに軍関係者も集まり、「極めて盛大」に執り行われたという。

あとがき

日本人の教師夫妻を巻き込み、福州を不安と恐怖に陥れた福州水戸事件。

満洲事変と上海事変の狭間で起きた知られざる事件には、どのような背景があったのか。この取材の当初の目的は、歴史的にはほとんど記録されていない事件について、日本軍の関わりを調べ明らかにしていくことだった。

しかし、残された資料を渉猟していくうちに見えてきたのは、想像とはまったく違うものだった。

それは、事件の中心にいた、一人の台湾出身の男の数奇な人生。

混乱の世に乗じて名を成したいと、日本と中国、台湾などとの間で立ち振る舞っていたところ、一人の日本陸軍の軍人と出会う。その依頼を受け、ことを起こそうとするが、なかなか実現できないでいたところ、偶然知り合った男があっという間に実行犯として事件を起こしてしまう。

結局、日本側の何らかの意向で不起訴になるが、その後も、満洲など中国大陸で知り合いの軍人らの伝手を辿って、日本軍に協力をし続け、様々な謀略に関わり、最後は自らも命を落とすことになる。福州水戸事件の真相もさることながら、事件後の李爐己が日本軍と深く関わりながら中国大陸を駆け回っていった姿に目を見張らざるを得ない。そして、日本の軍人たちは、その李爐己の「欲望」を巧みに利用し続けていたのである。

一方で、福州総領事館のスタッフたちは、東京の外務省本省へ事件の詳細を伝え、何度も何度も徹底的な真相解明を訴え続けていた。福州水戸事件は、彼らの「事実を明らかにすべきだ」という執念とも言うべき行動がなければ、歴史から完全に葬り去られてしまったに違いない。

歴史的な資料である公文書をしっかりと保存・管理していくことの重要性。時代や社会に真正面から向き合い、記録していくこと尊さ。それは公文書に限らず、私的な日記や手紙から映像・音声など、多くの記録や資料に共通して言えることではないだろうか。

当時の福州総領事館のスタッフたちは、ただ「真実」に真摯に向き合おうとしていただけなのかもしれない。

それでも、その記録は、次の世代へと継承され検証されていく。

福州水戸事件を引きおこした李爐己のように、戦争という極限状態の中、自らが生き残るために、祖国ではない国に協力していく人たちは、他にも数多くいたであろう。一方の国家は、そうした人たちを巧みにけしかけ、利用していく。そして、無関係の人たちが巻き込まれ命を落としていく。

戦争という大きなうねりの中で、その時代を生きる一人ひとりの人生が翻弄され、命を奪われていく。その厳然たる事実は、今も変わらない。

鈴木伸元

二〇二三年十一月吉日

〈参考文献〉
矢野　暢　１９７８　〝近代日本丸〟の南方航跡・一億人の昭和史　毎日新聞社
ラルフ・タウンゼント　２００７　暗黒大陸　中国の真実　芙蓉書房出版
佐藤明雄・明子　２０１３　逢うて空しく過ぐるなかれ　にっちん倶楽部２０１３夏号
佐藤明雄　１９８７　東西南北ひと　朝日新聞
佐藤明雄　１９８７　手紙・戦争を忘れまい　朝日新聞
佐藤明雄　生命を賭けた言葉（佐藤メモ）
佐藤明雄　２０１６　筆者へのメール
私の歩んだ道第一回　川崎健　水産海洋研究79　１　２０１５
中島利重　米寿の語り　１９８９
須崎慎一　軍隊と謀略　１９９３　現代懇話会　史Ｎｏ81・82
孫暁　萌　関東軍の宣伝工作についての考察　現代中国研究　第30号　２００８
佐野眞一　阿片王　２００８　新潮文庫
天津地域史研究会　天津史　再生する都市のトポロジー　１９９９　東方書店
半藤一利　昭和史探索２　２００７　ちくま文庫
川田　稔　満洲事変と政党政治　２０１０　講談社選書メチエ
笹子青子　中国へのノスタルジア　２００６　文芸社

筒井清忠　戦前日本のポピュリズム　２０１８　中公新書

久保亨ほか　現代中国の歴史　両岸三地１００年の歩み　２００８　東京大学出版会

佐藤明雄　私の福州物語　２０２０　日中教育人材交流会

本山文平　私の九十年　１９７１　自費出版

臼井勝美　「満洲事変」の性格　軍事史学会編『再考・満洲事変』　２００１　錦正社

東京12チャンネル報道部　証言　私の昭和史Ⅰ　１９６９　東洋出版

片倉　衷　戦陣随録　１９７２　経済往来社

花村一平　中国革命の舞台裏―北京・宮元公館　１９７３　原書房

水戸参雄光子追憶集　１９３２　水戸晤郎

中村孝志　福州水戸事件について　南方文化　１９８２　天理南方文化研究会

山本武利　特務機関の謀略　諜報とインパール作戦　１９９８　吉川弘文館

陳虹彣　日本統治下台湾における初等学校国語教科書の考察　２００９　平安女学院研究年報　平安女学院大学国際観光学部

柴公也　日本統治下時代の台湾生活誌　海外事情研究　２０１１　熊本学園大学付属海外事情研究所

鈴木伸元（すずき　のぶもと）

NHKの報道番組チーフ・プロデューサー。1996年東京大学教養学部卒業。同年NHK入局。報道局、スペシャル番組センター、社会番組部などで勤務。「NHKスペシャル」「クローズアップ現代」などを担当。著書に『新聞消滅大国アメリカ』『加害者家族』『性犯罪者の頭の中』（いずれも幻冬舎新書）『反骨の知将』（平凡社）がある。

装丁：ツカダデザイン
校正：中村和裕（三猿舎）
編集担当：真野はるみ（廣済堂出版）

福州水戸事件の真相

満洲事変と上海事変のはざまに起きた不可解な事件とは

2023年12月25日　第1版第1刷

著　者　鈴木伸元
発行者　伊藤岳人
発行所　株式会社 廣済堂出版
〒101-0052 東京都千代田区神田小川町2-3-13 M&Cビル7F
電話　03-6703-0964（編集）
　　　03-6703-0962（販売）
Fax　03-6703-0963（販売）
振替　00180-0-164137
URL　https://www.kosaido-pub.co.jp/

印　刷
製　本　株式会社 暁印刷

ISBN 978-4-331-52406-0 C0095